노년부
성경공부
Ⅳ-1

노년을 위한 성경의 파노라마

말씀 청춘

대한예수교장로회총회교육훈련처
한국장로교출판사

머리말

노년을 대상으로 한 성경공부 교재인 “말씀청춘” 시리즈를 출판하게 됨을 하나님 앞에 감사드린다.

지금까지 많은 이들이 교회학교를 영아부부터 청년부까지만이라고 오해하는 경우가 종종 있어 왔지만 실제로 교회학교는 모든 연령대를 포함하는 교회의 교육목회를 담당하여 왔다. 더군다나 100세 시대인 요즘 교회학교는 장년부와 노년부를 포함하여 모든 연령대를 교회학교의 범주에 편입시키고 있다. 이런 면에서 노년부 성경공부 교재인 “말씀청춘” 시리즈의 출간은 교회학교 내에 노년부가 신앙적으로 건강하게 운영되노록 돕게 될 것이나.

우리 총회는 노년부 교재를 몇 차례에 걸쳐 개발하였다. “하늘향기” 시리즈와 “하늘잔치” 시리즈가 그 대표적인 교재들이다. 그리고 성경의 파노라마로 펼쳐지는 “말씀청춘”이 시리즈로 출간되고 있다.

교재가 나오기까지 수고하여 주신 분들에게 감사드린다. 성경의 파노라마 요목을 위해 수고해 주신 교육목회실천협의회 정영택 증경총회장님과 홍정근 목사께 감사드리며 바쁘신 가운데 좋은 글로 함께해 주신 집필자 여러분들께도 깊은 감사를 드린다. 본 교재가 나오기까지 수고하신 교육목회실천협의회 문재진 목사와 총회 교육훈련처 이은미 실장 그리고 한국장로교출판사 사장 채형욱 목사와 직원 여러분에게도 감사를 드린다.

2021년 1월

대한예수교장로회총회 교육훈련처

총무 **김명옥** 목사

말씀청춘 둘러보기

둘러보기 1. 어떻게 구성되었나요?

노년기의 관점에서 신구약 성경 전체를 구속사적 흐름을 따라 바라볼 수 있도록 26과로 진행되어 말씀 안에서 지속적인 신앙성장에 도움이 되도록 했습니다.

각 과는 네 단계의 과정으로 되어 있고 30~40분 동안 진행할 수 있습니다. 각 과는 오늘의 말씀을 읽고 함께 찬송을 부르며 시작합니다. 구성은 다음과 같습니다.

1. **마음을 여는 글** 예화를 통해 자신의 삶을 돌아보고 마음을 엽니다.
2. **말씀 속으로** 말씀 속에서 하나님의 뜻을 발견합니다.
3. **생활 속으로** 말씀을 우리의 삶에 적용하고 실천할 수 있는 활동을 함께 나눕니다.
4. **시편으로 드리는 기도** 깨달은 말씀을 마음에 새기며 하나님의 도우심을 구합니다.

둘러보기 2. 어떤 내용을 다룰까요?

노년부 교재라는 특성을 고려하여 아래와 같은 내용을 선정하여 다루고 있습니다.

1. 성경 전체를 구속사의 관점에서 바라볼 수 있도록 하였습니다.
2. 성경의 연대기를 반영하여 쉽게 이해하도록 하였습니다.
3. 성경인물의 이야기와 삶을 다양하게 반영하였습니다.
4. 삶의 지혜를 담고 있는 본문을 중심으로 합니다.
5. 전반기는 사순절과 부활절, 후반기는 추수감사절과 성탄절 절기를 반영하였습니다.

둘러보기 3. 어떻게 활용할까요?

본 교재는 실제 삶의 자리에서 일어나는 많은 일들을 소재로 하는 예화를 통해 서로 진솔하게 이야기를 나누고 성경을 통하여 우리의 모습을 성찰하고 결단하여 깨달은 내용을 실천할 수 있도록 쓰였습니다. 각 교회의 사정에 따라 효율적으로 활용할 수 있는 다양한 방법을 다음과 같이 제안합니다.

1. 소그룹으로 나누어 진행해요.

* 5-7명이 한 개의 소그룹을 이루면 가장 좋습니다.
* 서로 비슷한 연령대의 사람들을 같은 소그룹에 편성해 주면 공감대를 형성하는 데 도움이 됩니다.
* 그룹원 중에 역할을 나누어 줍니다.
  ① 조장 : 전체공지사항 전달, 단체 SNS 활성화
  ② 도우미 : 간식준비, 사진관리, 모임장소, 준비물 확인

2. 매주 진행해요.

1년 동안 매주 1회 진행할 수 있도록 구성하였습니다. 교회에 사정에 따라 유동적으로 진행하시기 바랍니다.

3. 온라인 SNS를 활용해요.

* 성경공부와 QT를 함께 나눈다는 마음으로 동참합니다.
* 도움이 되는 찬양이나, 서적, 신문 기사나 동영상을 올려 줍니다.
* 매일 한 명씩 담당자를 정해 기도문이나 찬양을 올리도록 합니다.
* 공지사항을 전달하거나 확인합니다.
* 가정에서의 실천사항을 인증샷이나 후기로 올려 구성원들과 공유합니다.
* 함께하는 사람들과 시간을 정하여 중보기도 모임을 갖습니다.

4. 서로를 위해 기도하며 진행해요.

<table>
<tr><td>이름</td><td colspan="4">함께 품고 기도해요.</td></tr>
<tr><td rowspan="3"></td><td>가족</td><td></td><td>가족 연락처</td><td></td></tr>
<tr><td>연락처</td><td></td><td>메일주소</td><td></td></tr>
<tr><td>기도제목</td><td colspan="3"></td></tr>
</table>

5. 이것만은 꼭 약속해요!

모임의 원활한 진행과 활성화를 위해 다음의 다섯 가지 약속을 함께 다짐하며 힘차게 출발합시다. 추가로 더 약속을 정하여도 좋습니다.

나 ____________는 성경공부에 다음과 같이 성실히 임할 것을 약속합니다.

20 년 월 일

내 용	서약
약속 1. 모임시간 지키기	
약속 2. 마치는 시간 지키기	
약속 3. 주제에서 벗어난 내용은 자제하기	
약속 4. 진실되게 말씀 앞에 마음 열기	
약속 5. 함께 나눈 대화내용은 절대! 비밀 보장하기	

행복한 말씀청춘이 되기 위해 함께 읽도록 합니다.

우리는 행복한 말씀청춘!

1. 다양한 사람들이 한 성령님 안에서 아름다운 공동체를 이룹니다.
2. 기쁜 일, 슬픈 일이 생겼을 때 자기 일같이 나서서 서로를 챙깁니다.
3. 모일 때마다, 서로의 기도 제목을 내어 놓고 기도합니다.
4. 모일 때마다, 서로 격려하고 칭찬합니다.
5. 모일 때마다, 세상 이야기보다 영적인 이야기에 집중합니다.
6. 모일 때마다, 말씀을 배우려는 마음의 자세를 가집니다.
7. 모일 때마다, 참석하지 않은 분의 가정 분위기를 파악하고 대처합니다.
8. 모일 때마다, 새로 온 분이나 믿음이 어린 분을 항상 배려합니다.
9. 모일 때마다, 함께 성경공부하는 분들의 영적 성장과 건강을 위해 기도합니다.
10. 모일 때마다, 참석한 모든 사람이 한 마디 이상씩 자신의 생각을 이야기하도록 합니다.

차례

제1과 나는 창조주 하나님 때문에 행복합니다

[오늘의 말씀 _ 창세기 1 : 1~2]

태초에 하나님이 천지를 창조하시니라 땅이 혼돈하고 공허하며 흑암이 깊음 위에 있고 하나님의 영은 수면 위에 운행하시니라

[찬송 _ 찬송가 19장(통 44장) 1절]

찬송하는 소리 있어 사람 기뻐하도다 하늘 아버지의 이름 거룩 거룩하도다
세상 사람 찬양하자 거룩하신 하나님께 할렐루야 할렐루야 할렐루야 아멘

[삶을 나눠요]

"사람들은 누구든지 행복을 원한다. 행복은 삶에서 기쁨, 만족, 즐거움을 느끼는 것이다. 행복은 주어지는 것이 아니라 찾아지는 것, 느껴지는 것이다. 행복은 한마디로 정의할 수 없다."라는 글을 통하여 지난 한 주간의 삶 가운데 행복했던 일이나, '행복' 하면 떠오르는 생각을 서로 나눠 보십시오.

마음을 여는 글

한 남자가 지하철 전동차에 불을 지른 사건, 한 병사가 내무반에서 총을 난사한 사건, 묻지마식 살인사건, 자동차를 마구 몰아 여러 사람을 다치게 한 사건 등을 두고 한 심리의학자는 "불을 품고 사는 현대인"이라고 했습니다. 그 불은 바로 "화"가 쌓여서 생긴 "화병"이라는 것입니다. 이 화병의 원인은 무엇일까요?

말씀 속으로

오늘 말씀은 성경의 첫 구절입니다. 그 중심은 "창조"입니다. 창조를 이루신 분은 "하나님"이십니다. 그래서 "창조주 하나님"이라고 고백하는 것입니다. 이 창조는 "빛이 있으라"로 시작해서 그야말로 이 땅 위의 모든 것의 창조이며, 결국 "사람을 지으신" 창조이며, 그것은 하나님께서 말씀하신 대로 "이루심"이며, 하나님이 보시기에 심히 좋은, 선함과 조화가 있는 창조입니다. 특히 인간은 하나님의 형상으로 창조되어 부족함이 없었습니다. 바로 이것이 행복 아니겠습니까? 여기에는 캄캄함이나, 공허나, 혼돈이 있을 수 없습니다. 이것은 바로 창조주 하나님으로 인한 행복입니다. 그런데 사람들이 하나님으로 인해 행복하려고 하지 않고, 자신으로, 자신의 욕심으로, 자신의 의지로 행복해지고자 경쟁하고, 다투게 되면서 불행해지는 것입니다.

그러면 창조주 하나님 때문에 행복하다는 것은 우리 인생에 어떤 의미를 주는 것일까요? 첫째, 내 삶의 주인, 주권자가 분명하다는 것입니다. 둘째, 내 삶에서 하나님의 뜻, 말씀이 중심이라는 것입니다. 셋째, 내 삶에 일그러짐 없이 조화가 있다는 것입니다. 넷째, 인간 속에 있는 혼돈, 공허, 흑암이 하나님의 힘으로 물리쳐지고, 저녁이 되며 아침이 되는 희망의 에너지로 살 수 있다는 것입니다. 다섯째, 하나님으로 인한 믿음, 소망, 사랑의 삶을 사는 것이 어렵지만 행복할 수 있다는 긍정적인 삶의 태도를 갖는 것입니다.

"나는 창조주 하나님 때문에 행복합니다."라는 것은 바로 나 자신과 더불어 사는 모든 사람, 자연과 더불어 행복할 수 있는 근원, 터전이 됩니다.

1. 오늘 나눈 말씀 가운데 특별히 마음에 와 닿은 구절이나 배움을 통하여 깨달은 점이나 느낀 점이 있다면 무엇이었습니까?
2. "나는 창조주 하나님 때문에 행복합니다."라고 큰 소리로 고백해 봅시다.

생활 속으로

얼마나 간절했으면... 얼마나 그리웠으면...

인도의 고아원에 사는
어린 소녀의 애절한 사진 한 장.

–이현수 "새벽편지 가족"(행복한가 사단법인, 일상스토리 중에서)

이 아이는 얼마나 엄마가 보고 싶었으면 바닥에 분필로 이런 그림을 그렸을까요? 아이가 엄마 품에 있을 때 행복한 것처럼, 우리는 하나님 앞에 있을 때 행복합니다. 어떤 어둠, 공허, 문제도 극복하고 행복할 수 있습니다. 우리의 인생은 언제나 창조주 하나님 때문에 행복한 삶이 되어야 합니다.

시편으로 드리는 기도

시편 16 : 8~9

여호와를 항상 내 앞에 모시고 살아갈 때마다, 하나님은 나의 오른쪽에 계셔서 내가 흔들리지 않게 해 주십니다. 그러므로 언제나 나의 마음이 기쁘고, 나의 영이 즐거워하며, 내 육체가 안전히 살게 하여 주옵소서. 아멘.

제2과 나는 구원자 예수님 때문에 행복합니다

[오늘의 말씀 _ 에베소서 1 : 3~7]

찬송하리로다 하나님 곧 우리 주 예수 그리스도의 아버지께서 그리스도 안에서 하늘에 속한 모든 신령한 복을 우리에게 주시되 곧 창세전에 그리스도 안에서 우리를 택하사 우리로 사랑 안에서 그 앞에 거룩하고 흠이 없게 하시려고 그 기쁘신 뜻대로 우리를 예정하사 예수 그리스도로 말미암아 자기의 아들들이 되게 하셨으니 이는 그가 사랑하시는 자 안에서 우리에게 거저 주시는 바 그의 은혜의 영광을 찬송하게 하려는 것이라 우리는 그리스도 안에서 그의 은혜의 풍성함을 따라 그의 피로 말미암아 속량 곧 죄 사함을 받았느니라

[찬송 _ 찬송가 31장(통 46장) 2절]

찬양하라 복되신 구세주 예수 우리 대신 죽임을 당했네
구주 예수 영원한 구원의 소망 경배하며 겸손히 절하세
찬양하라 우리 죄 지신 예수 그의 사랑 한없이 크셔라
찬양하라 높으신 권세를 찬양 찬양 찬양 영원히 드리세

[삶을 나눠요]

"예수님", "구원자" 하면 어떤 생각이 떠오르는지 서로 나눠 보십시오.

마음을 여는 글

많은 사람들이 행복에 대해 말했습니다.
"삶에서 가장 중요한 순간은 지금이고, …… 지금 함께 있는 사람을 행복하게 해 주는 것이다"(톨스토이).
"적당한 외모, 한 사람은 이기고 둘에게는 지는 체력, …… 약간 부족한 듯한 재산, 내 생각보다 절반 정도만 인정받는 명예와 말솜씨가 행복의 조건"(플라톤).
"부모 생존, 부끄러움 없이 사는 것, 천하의 영재를 모아 가르치는 것"(맹자).
"악인의 꾀를 따르지 않고, 죄인의 길에 서지 않고, 오만한 자리에 앉지 않고, 주야로 율법을 묵상하는 자가 복 있는 사람"(시편 1편).

말씀 속으로

오늘의 말씀은 "하나님 곧 우리 주 예수 그리스도의 아버지께서 그리스도 안에서 하늘에 속한 모든 신령한 복을 우리에게 주시되"라고 말씀하십니다. 하늘과 땅에 받을 복이 많은데 하나님 곧 예수 그리스도 안에서 주어진 복은 "신령한 복"이라는 것입니다. 이것은 우리가 계산할 수 없고, 말로 표현할 수 없는 복입니다. 과연 그 복은 무엇일까요? 그것은 우리가 그리스도 안에서 은혜의 풍성함을 따라 그의 피로 말미암아 속량 곧 죄 사함을 받은 것, 즉 죄의 용서를 통하여 죗값을 치르지 않고 구원을 받았다는 것입니다.

이 신령한 복은 첫째, 창세전에 하나님이 예비하셨고, 둘째, 예수 그리스도의 십자가 피로 용서하시고, 셋째, 진리의 말씀을 듣고 깨닫도록 성령께서 보증하심으로, 즉 성부, 성자, 성령 삼위일체 하나님의 사랑의 역사, 긍휼하심으로 구원받게 된 것입니다. 구원받은 우리는 첫째, 사랑 안에서 흠이 없게 되었고, 둘째, 그리스도로 말미암아 하나님의 자녀가 되었고, 셋째, 하나님의 은혜의 영광을 찬송하게 되었습니다. 우리는 "구원자 예수님 때문에 행복합니다."라는 확신을 가지고 살아갈 때 행복할 수 있습니다.

죽음으로부터, 질병으로부터, 가난으로부터, 억압으로부터, 많은 구원의 사건이 있습니다만, 최고의 구원은 죄를 용서받는 것입니다. 이 구원은 우리의 모든 구원을 가능케 합니다. 이제 이렇게 고백해 봅시다. “하나님이 예정하셨고, 예수님이 피 흘리사 용서하시니, 구원받은 은혜 감사해. 나는 행복해!”

1. 오늘 나눈 말씀 가운데 특별히 마음에 와 닿은 구절이나 배움을 통하여 깨달은 점이나 느낀 점이 있다면 무엇이었습니까?
2. 나의 구원자이신 예수님께 어떤 감사의 찬양을 드리고 싶은지 이야기를 나누고 찬송을 드려 봅시다.

생활 속으로

구원받아 새로운 삶을 사는 나

예수님으로 말미암아 구원받은 우리는 세상 사람들과 구별된 삶을 살아야 합니다. 구원받은 사람답게 남은 인생을 어떻게 살아갈지 다짐하여 봅시다.

1. 준비물 : 지점토(또는 찰흙), 신문지, 도화지
2. 방 법 :

① 바닥에 신문지를 깔고 나눠 준 지점토나 찰흙을 잘 뭉쳐 보세요.

② 예수님을 만나기 전의 나의 모습과 구원받은 내 인생, 앞으로 어떻게 살아가겠다는 다짐을 담은 작품을 만들어 보세요.

③ 완성된 두 작품을 도화지 위에 올려놓고, 두 작품에 대하여 서로 이야기를 나눠 보세요.

시편으로 드리는 기도

시편 18 : 1~2

나의 힘이신 여호와여, 내가 주를 사랑합니다. 언제나 여호와 하나님은 나의 반석이시요 나의 요새시요 나를 건지시는 이시요 나의 하나님이시니, 평생토록 나와 동행하여 주옵소서. 아멘.

제3과 나는 성령님 때문에 행복합니다

[오늘의 말씀 _ 요한복음 14 : 16~17]

내가 아버지께 구하겠으니 그가 또 다른 보혜사를 너희에게 주사 영원토록 너희와 함께 있게 하리니 그는 진리의 영이라 세상은 능히 그를 받지 못하나니 이는 그를 보지도 못하고 알지도 못함이라 그러나 너희는 그를 아나니 그는 너희와 함께 거하심이요 또 너희 속에 계시겠음이라

[찬송 _ 찬송가 195장(통 175장) 1~3절]

1. 성령이여 우리 찬송 부를 때 진심으로 찬양하게 하소서
2. 성령이여 우리 기도드릴 때 우리 곁에 계셔 일러주소서
3. 성령이여 우리 성경 읽을 때 그 속에서 빛을 보게 하소서

[삶을 나눠요]

'성령님' 하면 무슨 생각부터 떠오르는지 서로 나눠 보십시오.

마음을 여는 글

영국의 극작가 조지 버나드 쇼(George Bernard Shaw, 1856-1950)의 『피그말리온』(열린책들, 2011)은 본래 고대 희랍의 신화에서 가져온 극작품입니다. 이 작품을 원작으로 한 영화 "마이 페어 레이디"(My Fair lady)는 언어학자인 하긴스 교수가 빈민가에서 꽃을 파는 천한 소녀 엘리자를 어엿한 숙녀로 만들어 가는 과정에서 일어나는 일들을 그려 내고 있습니다. 하긴스 교수의 친구인 피커링 대령은 이러한 인간성의 변화는 불가능하다고 장담하며 내기를 걸기도 합니다. 결국 해피엔딩으로 영화는 끝이 납니다. 영화를 통해 부족한 우리를 그리스도의 신부로 인정해 주시는 예수님과 친히 오셔서 변화시켜 주시는 성령님의 모습을 떠올릴 수 있습니다.

말씀 속으로

구원의 영이신 성령님

성령님(Holy Spirit)은 하나님의 영, 곧 그리스도의 영이십니다. 하나님께서 사람의 몸으로 오신 분이 예수님이라면, 성령님은 영으로 오신 분입니다.

성령님은 우리와 함께하십니다. 임마누엘 하나님이 나와 함께하신다는 것은 구체적으로 성령님이 오셔서 우리 자신을 깨우쳐 주시고, 구원을 이루시며, 믿음을 고백(고전 12 : 3)하게 하시고, 거듭나 새롭게(요 3 : 3-5) 하셔서 우리의 삶을 풍성(엡 3 : 16)하게 하신다는 것입니다. 무엇보다 십자가와 부활을 증거하는 증인이 되게(행 1 : 8) 하시며, 삶을 인도해 주시니 큰 복입니다.

보혜사이신 성령님

예수님은 오실 성령님을 '보혜사'라고 하셨습니다. "두려워하지 말라 내가 너와 함께함이라 놀라지 말라 나는 네 하나님이 됨이라 내가 너를 굳세게 하리라 참으로 너를 도와주리라 참으로 나의 의로운 오른손으로 너를 붙들리라"(사 41 : 10). 이 언약을 우리에게 구체적으로 실현해 주기 위해 오신 분이 성령님입니다.

성령님은 죄인인 우리가 하나님의 나라의 백성이 되고, 하나님의 자녀가 될 수 있도록 깨우쳐 주시는 분입니다. 달라진 제자들처럼 우리를 변화시켜 주시는 분입니다. 그러므로 우리는 성령님을 스승으로 모시고 살아야 합니다. 성령님을 모시는 방법은 바로 예수님을 내 인생의 주로 영접하는 것입니다. 우리는 주인이신 그분을 의지하고, 그분의 명령에 순종하며, 그분의 영광만을 위해 살아야 합니다.

성령님으로 충만하게 되면 이에 합당한 열매를 맺게 됩니다. 옥토와 같은 마음을 가진 성도들이 바른 교회생활을 통하여 그리스도와 늘 동행하는 삶을 산다면 하나님 앞에서 사랑과 희락과 화평을 누릴 뿐 아니라 아웃과의 관계에서도 인내, 자비, 양선의 열매로, 스스로 충성, 온유, 절제의 열매로 성숙해질 것입니다. 성령의 열매는 성도들의 삶을 통해 반드시 맺혀야만 하는 것이기 때문입니다.

1. 오늘 나눈 말씀 가운데 특별히 마음에 와 닿은 구절이나 배움을 통하여 깨달은 점이나 느낀 점이 있다면 무엇이었습니까?
2. '보혜사'란 무슨 뜻입니까? 나에게 성령님은 어떤 분인지 고백해 봅시다.

생활 속으로

성령님을 모시고 사는 하나님의 사람들은 성령의 열매를 맺습니다.

1. 준비물 : 흰색 도화지, 검정색 사인펜, 크레용이나 색연필
2. 방 법 : "보잘것없는 돌감람나무가 접붙임을 받아 참감람나무가 되었네요. 성령님의 도우심으로 자라서 성령의 열매를 맺었습니다."

① 검정색 사인펜으로 성령의 열매 아홉 개를 그려 봅시다.
② 주제와 어울린다고 생각되는 색으로 열매를 꾸며 봅시다.
③ 자기가 생각하여 선택한 색과 열매와의 관계를 설명해 봅시다.

시편으로 드리는 기도

시편 51 : 10~13

하나님, 내 안에 정한 마음을 주시고 나의 영혼을 새롭게 하옵소서. 언제나 함께하여 주시고, 주의 성령으로 충만하게 하심으로 구원의 즐거움을 회복시켜 주옵소서. 세상 사람들에게 주의 도를 가르치며, 죄인들이 돌아오게 하는 주의 종이 되게 하여 주옵소서. 아멘.

제4과 나는 성경으로 인해 행복합니다

[오늘의 말씀 _ 디모데후서 3 : 15~17]

또 어려서부터 성경을 알았나니 성경은 능히 너로 하여금 그리스도 예수 안에 있는 믿음으로 말미암아 구원에 이르는 지혜가 있게 하느니라 모든 성경은 하나님의 감동으로 된 것으로 교훈과 책망과 바르게 함과 의로 교육하기에 유익하니 이는 하나님의 사람으로 온전하게 하며 모든 선한 일을 행할 능력을 갖추게 하려 함이라

[찬송 _ 찬송가 202장(통 241장) 1절]

하나님 아버지 주신 책은 귀하고 중하신 말씀일세 기쁘고 반가운 말씀 중에 날 사랑한단 말 참 좋도다
주께서 나를 사랑하니 즐겁고도 즐겁도다 주께서 나를 사랑하니 나는 참 기쁘다

[삶을 나눠요]

각자 좌우명으로 삼고 있는 '성경 말씀'을 서로 나눠 보십시오.

마음을 여는 글

미국의 러시모어 국립기념공원(Mount Rushmore National Memorial)에는 미국 4명의 위대한 대통령을 조각한 조각상이 있습니다. 조지 워싱턴(1대), 토머스 제퍼슨(3대), 에이브러햄 링컨(16대), 시어도어 루스벨트(26대) 대통령의 조각상입니다. 이들의 삶에는 공통점이 있습니다. 이들 모두 성경과의 특별한 만남이 있었다는 것입니다. "성경이 아니면 세계를 다스릴 수 없다."(워싱턴), "미국은 성경이라는 반석 위에서 있다."(제퍼슨), "성경은 하나님께서 주신 선물 중 가장 위대한 것이다."(링컨), "참되게 살기를 원하는 자에게는 성경을 주어야 한다."(루스벨트)

말씀 속으로

하나님의 말씀인 성경

성경은 하나님의 말씀으로, 1,600여 년에 걸쳐 기록된 66권의 책입니다. 그럼에도 불구하고 하나님의 인간 구원에 대한 과정이 일목요연할 뿐 아니라 동일한 주제로 기록되어 있습니다. 기독교를 '계시의 종교'라고 하는 것은 이렇게 기록된 성경을 통하여 우리가 알 수 없는 하나님을 구체적으로 알 수 있도록 나타내 보여 주기 때문입니다. 그러므로 우리는 성경을 읽음으로 '믿음으로 말미암아 구원에 이르게 하는 지혜'와 세상에서 승리하는 삶을 사는 방법을 배우게 됩니다.

바울은 믿음의 아들인 디모데에게 "너는 배우고 확신한 일에 거하라"(딤후 3 : 14)는 명령과 함께 "또 어려서부터 성경을 알았나니 성경은 능히 너로 하여금 그리스도 예수 안에 있는 믿음으로 말미암아 구원에 이르는 지혜가 있게 하느니라"(딤후 3 : 15)라고 교훈합니다.

하나님의 영감으로 기록된 성경

성경은 하나님의 영감(Inspiration)으로 기록되었습니다. 우리는 하나님께서 저자의 경험과 생각, 모든 인격을 다 동원하도록 주장하시되(유기적 영감설), 용어와 표현에 오류가 없도록 감동시키셨다(축자적 영감설)고 믿습니다. 그러므로 성경에는 오류가 없습니다.

성경은 성령의 감동, 즉 성령 안(In Spirit)에 있는 자들이 기록한 글들입니다. 같은 영감을 받아야 합니다. 말씀으로 말미암아 행복한 우리는 성령의 감동으로 성경을 읽어야 합니다. 우리가 기도하는 마음으로 묵상할 때, 성령님께서 깨닫게 하는 지혜를 주실 것입니다.

1. 오늘 나눈 말씀 가운데 특별히 마음에 와 닿은 구절이나 배움을 통하여 깨달은 점이나 느낀 점이 있다면 무엇이었습니까?
2. 성경이 하나님의 감동(영감)으로 기록되었다는 의미가 무엇일까요? 성경을 읽을 때 가져야 할 자세에 대하여 이야기해 보고, 실천합시다.

생활 속으로

성경 목록가 부르기

성경 목록가를 불러 보고 외워 봅시다.

창세기 출애굽기 레위기 민수기 신명기 여호수아 사사기 룻기 사무엘상하 열왕기상하 역대상하
에스라 느헤미야 에스더 욥기 시편 잠언 전도서 아가 이사야 예레미야 예레미야애가 에스겔
다니엘 호세아 요엘 아모스 오바댜 요나 미가 나훔 하박국 스바냐 학개 스가랴 말라기
마태 마가 누가 요한 사도행전 로마서 고린도전후 갈라디아서 에베소서 빌립보 골로새
데살로니가전후서 디모데전후 디도서 빌레몬 히브리 야고보 베드로전후 요한일이삼
유다서 요한계시록 구약 삼십구 권에다 신약 이십칠 권으로 성경 육십육 권이라

시편으로 드리는 기도

시편 119 : 105

사랑의 하나님, 언제나 주의 말씀이 내 발에 등이 되서서 모든 것을 깨달아 알게 하여 주시고, 내 길에 빛이 되시어 환하게 밝혀 주심으로 주님의 인도하심을 받게 하옵소서. 아멘.

제5과 나는 영생을 누릴 수 있어서 행복합니다

[오늘의 말씀 _ 요한복음 3 : 16]

하나님이 세상을 이처럼 사랑하사 독생자를 주셨으니 이는 그를 믿는 자마다 멸망하지 않고 영생을 얻게 하려 하심이라

[찬송 _ 찬송가 252장(통 184장) 1절]

나의 죄를 씻기는 예수의 피밖에 없네 다시 정케 하기도 예수의 피밖에 없네
예수의 흘린 피 날 희게 하오니 귀하고 귀하다 예수의 피밖에 없네

[삶을 나눠요]

'영생'을 얻기 위하여 끝까지 우리가 지켜야 할 것은 무엇인지 서로 나눠 보십시오.

마음을 여는 글

성경은 31,173개의 구절이 있습니다. 이 모든 구절 중에 가장 중요한 구절이 요한복음 3 : 16입니다. 종교개혁가 마틴 루터는 요한복음 3 : 16을 '작은 복음'이라고 말했습니다. 짧은 구절에 어떤 내용이 있길래 작은 복음이라고 했을까요?

하나님이 성부 하나님
세상을 세상 모든 사람
이처럼 십자가
사랑하사 아가페-조건 없는 사랑
독생자를 성자 예수님
주셨으니 대속제물
이는 십자가 희생
그를 예수님
믿는 자마다 믿음-누구든지 성령 하나님
멸망하지 않고 지옥, 구원, 심판
영생을 천국, 상급, 소망
얻게 하려 하심이라 은혜, 선물

구원의 주체는 하나님입니다. 구원의 대상은 세상이며, 구원의 이유는 사랑입니다. 구원의 방법은 독생자 예수 그리스도를 보내심이고, 구원의 도구인 믿음은 예수 그리스도를 영접하는 것입니다. 예수님을 영접하는 자는 하나님의 자녀가 되는 권세를 누리며 멸망하지 않고 영생을 얻습니다.

말씀 속으로

예수님을 믿으면 구원받아 영생을 누리게 됩니다

아담과 하와가 범죄함으로 모든 사람에게 죄가 들어왔습니다. 이것을 '원죄'라고 합니다. 죄를 지으면 그 대가는 사망입니다. 구약시대에는 죄를 씻기 위해 양을 잡아 제사를 드렸습니다. 이것은 일회용입니다. 영원히 죄 사함을 받기 위해서는 죄 없는 인간이 대신해야 했습니다. 그래서 하나님은 죄 없는 독생자 예수님을 이 땅에 희생제물로 내어 주셨습니다. 이것을 '대속제물'이라고 합니다. 예수님이 십자가에 못 박혀 죽으심으로 우리는 예수님을 믿으면 죄를 용서받고 영생을 누리게 되었습니다.

구원받은 우리는 더 이상 죄를 짓지 않고 거룩한 삶을 살아야 합니다. 그런데 예수님을 믿으면 옛 성품이 없어지면 좋겠는데 절대 그렇지 않습니다. 욕심, 탐욕, 이기심 같은 옛 성품은 없어지는 것이 아니라 신앙생활과 성령의 능력으로 억제될 뿐입니다. 그러므로 이제는 예수님의 죽으심이 헛되지 않도록 제대로 된 인생을 살아야 합니다. 이제부터 예수님이 나의 삶을 인도할 주인이 되심을 인정하고 살아야 합니다. 그동안 내 마음대로, 내 욕심대로, 내가 하고 싶은 대로 살아왔지만 이제는 삶의 고삐를 예수님께 내어 드리는 것입니다. 그러면 주님이 우리를 이끌어 가시고 인도하여 주실 것입니다.

1. 오늘 나눈 말씀 가운데 특별히 마음에 와 닿은 구절이나 배움을 통하여 깨달은 점이나 느낀 점이 있다면 무엇이었습니까?
2. 예수님이 십자가에서 죽으심으로 나를 살려 주셨습니다. 주님이 나를 살릴 만한 가치가 있었다는 것을 평생 보여 주며 살기 위해서 어떻게 해야 할까요?

생활 속으로

영생의 복을 함께 누려요

1. 예수님을 믿고 구원받아야 할 사람이 누가 있는지 이름을 떠올려보고, 그 사람을 위하여 잠깐 동안 기도해 봅시다.
2. 생각난 사람의 이름과 구원의 복음을 전해야 할 이유를 써 봅시다.
3. 전도할 사람을 위해서 내가 할 수 있는 일은 뭐가 있는지 생각해 보고 실천해 봅시다. (문자 보내기, 전화하기, 편지 쓰기, 만나서 대화하고 식사하기, 목사님 설교 보내기 등)

시편으로 드리는 기도

시편 67 : 1~3

하나님, 우리에게 은혜를 베푸시고 복을 주시니 감사합니다. 평생토록 주님을 떠나지 않으며 주 안에서 구원의 복음을 모든 사람, 모든 나라에 전하며 살게 하여 주옵소서. 아멘.

제6과 나는 노년입니다

[오늘의 말씀 _ 시편 71 : 18, 잠언 16 : 31]

하나님이여 내가 늙어 백발이 될 때에도 나를 버리지 마시며 내가 주의 힘을 후대에 전하고 주의 능력을 장래의 모든 사람에게 전하기까지 나를 버리지 마소서

백발은 영화의 면류관이라 공의로운 길에서 얻으리라

[찬송 _ 찬송가 320장(통 350장) 1절]

나의 죄를 정케 하사 주의 일꾼 삼으신 구세주의 넓은 사랑 항상 찬송합니다

나를 일꾼 삼으신 주 크신 능력 주시고 언제든지 주 뜻대로 사용하여 주소서

[삶을 나눠요]

'백발' 하면 무엇이 떠오르는지 서로 나눠 보십시오.

마음을 여는 글

스위스 의사이자 작가였던 폴 투르니에는 『인생의 계절들』(쉼, 2005)이라는 책을 통해 인간의 일생을 자연의 계절에 비교하였습니다. 그는 이 책에서 지나간 인생의 계절을 되돌아보며 허무해하거나 후회할 것이 아니라, 지금 다가온 계절에 최선을 다해야 성숙하고 의미 있는 삶을 살 수 있다고 말합니다. 다시 말해 우리는 봄이면 봄답게, 여름이면 여름답게, 가을이면 가을답게 살아야 한다는 것입니다. 그는 노년기를 가을로 비교하며, 노년기란 여유를 가지고 자기 인생을 반성하며 무엇이 가치 있었는지 찾아보는 시기라고 정의합니다. 그리고 그는 결론 부분에서 다음과 같이 말합니다. "우리는 어린 시절에 순종을 배움으로, 청년기의 왕성한 활동 중에 그리고 노년의 휴식 속에서 하나님을 알게 됩니다. 하나님을 인식하는 것은 나이와 상관이 없습니다."

말씀 속으로

노년의 사명

오늘의 말씀에서 시편 기자는 백발이 무성한 노인이 되었지만 아직도 자신은 하나님의 능력을 후대에 전할 사명이 남아 있음을 피력하고 있습니다. 많은 사람들이 노인들은 할 일 없는 존재, 생산성이 없는 존재, 죽음을 기다리는 존재로 생각합니다. 그러나 오늘 시편 기자의 간절한 간구는 노년의 삶이 충분히 가치 있고 주신 사명을 실천할 수 있는 기간임을 말씀하고 있습니다. 오늘날 교회에서 가장 많이 기도하시는 분들도, 가장 많이 봉사하시는 분들도, 가장 많이 전도하시는 분들도 백발의 성도들입니다. 이렇듯 백발이 무성한 성도들은 사명자입니다.

백발은 영화의 면류관

잠언 16장 31절은 백발의 노인을 화려하게 장식된 면류관을 쓰고 있는 모습으로 묘사하고 있습니다. 여기서 백발은 장수를 상징합니다. 구약에서 장수는 하나님께서 주신 복으로 여겨집니다. 즉, 구약의 유대인들은 장수의 상징인 백발을 곧 하나님께 복을 받은 것으로서 자랑스럽고 영광스러운 것으로 인식하였습니다.

그런데 오늘의 말씀에서 말하는 영화의 면류관으로서의 백발이란 단지 오래 사는 것만을 지칭하는 것이 아닙니다. 그것은 하나님 보시기에 공의로운 삶을 살다가 맞이하게 된 노년을 의미하는 것입니다. 그런데 공의로운 삶에는 수많은 고난이 있을 수 있습니다. 하지만 공의로운 길을 추구하는 사람은 하나님의 도우심으로 인해 고난을 꿋꿋이 이겨 내고 마침내 최후의 승리자로 서게 됩니다. 그리고 결국 하나님께서 주시는 생명의 면류관을 받을 것입니다. 따라서 백발의 면류관은 생명의 면류관을 예표한다고 볼 수 있습니다.

누구나 노년을 맞이합니다. 우리 그리스도인들은 하나님 보시기에 의로운 길을 걸어 그날에 진정한 장수의 축복을 누리며 성령의 열매를 맺어야 합니다. 그리고 하나님께서 주실 생명의 면류관에 대한 소망을 가지고 살아가야 합니다.

1. 오늘 나눈 말씀 가운데 특별히 마음에 와 닿은 구절이나 배움을 통하여 깨달은 점이나 느낀 점이 있다면 무엇이었습니까?
2. 하나님은 노년인 나에게 어떤 사명을 주셨는지 고백하여 봅시다.

생활 속으로

나의 사명은!

1. 준비물 : 종이, 펜
2. 방 법 : 하나님께서 자신에게 주신 사명이 무엇인지 한 주 동안 깊이 묵상해 봅시다. 깊은 묵상 끝에 찾은 사명을 종이에 기록하고, 사명을 늘 마음판에 새기면서 매일 삶 속에서 실천합시다.

시편으로 드리는 기도

시편 90 : 12, 17

생명을 주신 하나님, 우리에게 우리 날 계수함을 가르치사 지혜로운 마음을 얻게 하옵시고, 주 우리 하나님의 은총을 우리에게 내리게 하사 우리의 손이 행한 일을 우리에게 견고하게 하옵소서. 아멘.

제7과 나는 하나님의 사람입니다

[오늘의 말씀 _ 요한복음 15 : 16]

너희가 나를 택한 것이 아니요 내가 너희를 택하여 세웠나니 이는 너희로 가서 열매를 맺게 하고 또 너희 열매가 항상 있게 하여 내 이름으로 아버지께 무엇을 구하든지 다 받게 하려 함이라

[찬송 _ 찬송가 90장(통 98장) 1절]

주 예수 내가 알기 전 날 먼저 사랑했네 그 크신 사랑 나타나 내 영혼 거듭났네
주 내 맘에 늘 계시고 나 주의 안에 있어 저 포도비유 같으니 참 좋은 나의 친구

[삶을 나눠요]

'성령의 열매' 하면 무엇이 떠오르는지 서로 나눠 보십시오.

마음을 여는 글

헨리 나우웬의 신앙의 핵심은 "이는 내 사랑하는 아들이요 내 기뻐하는 자"(마 3 : 17)라는 말씀에 담겨져 있습니다. 또한 이 말씀을 그리스도인의 정체성으로 보고 있습니다. 나우웬은 이 말씀에 귀 기울였을 때 자신의 중심에서 다음과 같은 말씀을 들었다고 고백합니다. "태초에 내가 너를 지명하여 불렀으니, 너는 내 것이라. 또 내가 너의 것이라. 너는 내 사랑하는 자요, 내가 기뻐하는 자라. 땅의 깊음 가운데서 내가 너를 만들었고 네 모태에서 너와 함께 있었느니라. 내 손으로 너를 조각하였고 내 품의 그늘 안에 너를 숨겼느니라. 나는 한없는 부드러움으로 너를 보고 있고, 엄마가 자기 아이에게 하는 것보다 더 친밀한 보살핌으로 너를 돌보고 있느니라. 난 네 머리카락도 다 세었고 너의 모든 발걸음도 인도하고 있느니라. 네가 어디를 가든 내가 너와 함께 하고, 네가 어디서 안식하든 내가 지키리라."

말씀 속으로

내가 너희를 택하여 세웠다

예수님의 열두 제자들이나 우리 그리스도인들은 모두 하나님께서 먼저 택하신 존재들입니다. 우리가 뭔가 특별하고 착해서 하나님께서 우리를 택하신 것이 아니라 하나님의 전적인 주권으로 우리를 택하여 세우신 것입니다. 여기에 바로 우리 그리스도인의 정체성이 있습니다. 따라서 하나님의 사람인 우리 그리스도인의 인생은 친히 하나님께서 책임지십니다. 그러므로 우리는 고난을 만났을 때, 절망할 필요가 없습니다. 하나님께서 가장 좋은 것으로 인도하여 주실 것이기 때문입니다.

열매를 맺는 하나님의 사람

이사야는 포도나무 비유(5장)를 통해 하나님께서 이스라엘 백성을 택하시고 가나안 땅으로 인도하신 목적을 말씀하고 있습니다. 그것은 바로 이스라엘 백성이 정의와 공의의 열매를 맺는 것이었습니다.

오늘 본문도 예수님께서 제자들을 택하시고 세우신 목적이 열매를 맺게 하기 위함임을 말씀하고 있습니다. 요한복음 15장을 살펴보면 이 열매는 사랑입니다. 그리스도인은 예수 그리스도를 본받아 사랑의 열매를 풍성히 맺는 하나님의 사람입니다. 이 사랑의 열매를 풍성히 맺게 하기 위해 주님이 우리를 먼저 택하시고 불러 주셨습니다. 우리가 이를 기억하며 사랑의 열매를 맺으며 살아간다면, 주님께서 크게 기뻐하실 것입니다.

1. 오늘 나눈 말씀 가운데 특별히 마음에 와 닿은 구절이나 배움을 통하여 깨달은 점이나 느낀 점이 있다면 무엇이었습니까?
2. 하나님의 택하심과 세우심의 목적인 사랑의 열매를 맺기 위해 어떤 노력을 하고 있습니까?

생활 속으로

열매 맺는 기쁨 체험하기

1. 준비물 : 빈 화분, 분토, 방울토마토 모종 등
2. 방 법 :

① 빈 화분에 분토를 넣고 방울토마토 모종을 심습니다.
② 물을 주며 정성껏 키웁니다.
③ 방울토마토 열매가 맺혔을 때의 기쁨을 가족들과 이야기합니다.
④ 우리가 열매 맺는 삶을 살았을 때 하나님께서 얼마나 기뻐하실지 묵상해 봅시다.

시편으로 드리는 기도

시편 71 : 6

주권자이신 아버지 하나님, 내가 모태에서부터 주를 의지하였으며 나의 어머니의 배에서부터 주께서 나를 택하셨사오니 항상 주를 찬송하겠습니다. 아멘.

제8과 사순절 1 : 예수님은 우리를 위해 고난당하셨습니다

[오늘의 말씀 _ 이사야 53 : 1~5]

…… 그는 멸시를 받아 사람들에게 버림 받았으며 간고를 많이 겪었으며 질고를 아는 자라 마치 사람들이 그에게서 얼굴을 가리는 것같이 멸시를 당하였고 우리도 그를 귀히 여기지 아니하였도다 그는 실로 우리의 질고를 지고 우리의 슬픔을 당하였거늘 우리는 생각하기를 그는 징벌을 받아 하나님께 맞으며 고난을 당한다 하였노라 그가 찔림은 우리의 허물 때문이요 그가 상함은 우리의 죄악 때문이라 그가 징계를 받으므로 우리는 평화를 누리고 그가 채찍에 맞으므로 우리는 나음을 받았도다

[찬송 _ 찬송가 144장(통 144장) 1절]

예수 나를 위하여 십자가를 질 때 세상 죄를 지시고 고초당하셨네
예수님 예수님 나의 죄 위하여 보배피를 흘리니 죄인 받으소서

[삶을 나눠요]

'십자가' 하면 무엇이 떠오르는지 서로 나눠 보십시오.

마음을 여는 글

일본의 복음 실천가이면서 영적인 지도자인 가가와 도요히코 목사가 죽음의 문턱에서 기적처럼 살아난 후, 『사선을 넘어서』라는 책에서 이렇게 고백하고 있습니다. "나는 석가, 공자, 예수를 다 좋아합니다. 이유는 석가는 자비를 말하고, 공자는 인을 말하고, 예수는 사랑을 말하는 인격자들이기 때문입니다. 그러나 죄를 용서해 주는 속죄의 은혜는 석가나 공자에게는 없고 오직 예수에게만 있습니다. 나같이 죄 많은 사람은 예수 십자가 용서의 복음 없이는 절대로 천국에 갈 수 없습니다. 나는 이제 예수 그리스도를 나의 구주로 믿고 천국으로 갑니다."

말씀 속으로

고난 받으러 오신 예수님

오늘은 사순절 첫 번째 주일입니다. 지난 수요일부터 사순절이 시작되어 오늘 첫 번째 주일을 맞이했습니다. 사순절은 예수님이 우리를 위하여 고난당하신 것을 깊이 묵상하면서 경건하게 절제하며 보내는 귀한 절기입니다.

이사야 53장에는 예수님이 왜 오셨는지, 오셔서 우리를 위하여 어떤 일을 당하셨는지 소개하고 있습니다. 인간은 누구나 죄에 오염되어 있었습니다. 죄로 오염된 인간을 구원해 줄 수 있는 분은 예수님밖에 없습니다(행 4 : 12). 그래서 예수님은 우리 죄를 사하기 위해 십자가 고난을 당하셨습니다. 우리는 예수님 덕분에 죄 사함을 받고, 하나님의 자녀가 되는 은혜를 누리게 되었습니다. 예수님은 우리에게 무엇과도 바꿀 수 없는 큰 사랑을 주셨습니다.

예수님의 고난은 죄의 고리를 끊는 고난입니다

그동안 사람들은 죄의 고리를 끊어 보려고 고행도 하고, 수양도 하고, 공부도 해 보고, 도도 닦아 보고, 구제도 해 보고, 선행을 하기도 했습니다. 다 귀하고 좋은 일이지만 그렇게 한다고 죄의 고리를 끊을 수는 없습니다. 그런데 예수님이 십자가에서 죽으심으로 이 모든 죄의 고리가 다 끊어졌습니다. 예수님이 십자가에서 죽임을 당하실 때, 성소에 있는 휘장이 위에서 아래로 찢어졌습니다. 하나님과 우리 사이에 막힌 담이 허물어진 것입니다. 이제 예수님의 십자가 은혜를 붙들고 있으면 누구나 하나님 앞에 나아가 하나님을 "아버지!"라고 부르며 기도할 수 있습니다. 이것은 무엇과도 바꿀 수 없는 은혜입니다.

예수님의 고난은 함께 나누어야 할 은혜입니다. 주님은 우리에게 이 십자가 은혜의 복음을 땅끝까지 가서 전하라고 하셨습니다. 우리가 주변에 있는 이웃들에게 나누어야 할 것이 이 복음입니다. 사순절 동안 주변 사람들에게 예수 십자가의 복음을 전합시다.

1. 오늘 나눈 말씀 가운데 특별히 마음에 와 닿은 구절이나 배움을 통하여 깨달은 점이나 느낀 점이 있다면 무엇이었습니까?
2. 예수님의 십자가는 나에게 어떤 의미가 있습니까?

생활 속으로

십자가 사랑 마음에 새기기

1. 준비물 : 십자가 모양이 그려진 A4 용지, 사인펜 이나 매직, 가위, 옷핀
2. 방 법 : A4 용지에 그려진 십자가에 다음과 같이 써 봅시다. "○○○야 나는 너를 너무너무 사랑한단다. 내 마음 알지? 아멘" 가위로 십자가 모양을 오린 후, 십자가를 옷핀으로 가슴에 붙입니다. 가슴에 붙인 십자가에 손을 얹고 감사의 기도를 드려 봅시다.

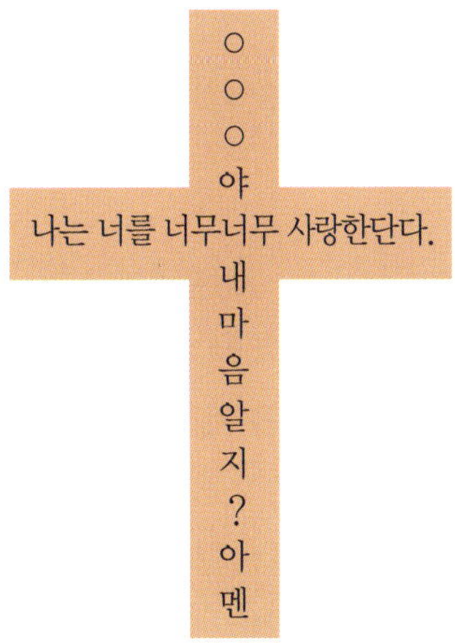

시편으로 드리는 기도

시편 31 : 5

사랑의 하나님, 내가 나의 영을 주의 손에 부탁하나이다. 진리의 하나님 여호와여, 나를 속량하셨나이다. 나를 구원하신 주님께 감사하며, 복음을 전하며 살게 하옵소서. 아멘.

제9과 사순절 2 : 하나님의 사람은 사명자입니다

[오늘의 말씀 _ 사도행전 1 : 8]

오직 성령이 너희에게 임하시면 너희가 권능을 받고 예루살렘과 온 유대와 사마리아와 땅끝까지 이르러 내 증인이 되리라 하시니라

[찬송 _ 찬송가 497장(통 274장) 1절]

주 예수 넓은 사랑 그 크신 은혜를 나 힘써 전파함은 참 기쁜 일일세
주 예수 복된 말씀 생명과 진리요 내 맘의 갈급함을 다 채워 주시네
예부터 전한 말씀 주 예수 크신 사랑 나 항상 전파하기 참 기뻐하도다

[삶을 나눠요]

나의 주변인들을 전도해 본 경험을 서로 나눠 보십시오.

마음을 여는 글

가가와 도요히코는 기생의 아들로 태어나 4살 때 아버지를, 5살 때 어머니를 잃고 구박받고 학대받는 삶을 살았습니다. 12살이 된 가가와 도요히코는 구세군 전도대의 노방전도를 듣게 되었습니다. "하나님은 여러분을 사랑하십니다. 하나님은 누구든지 사랑하십니다." 가가와 도요히코는 가까이 다가가 물었습니다. "하나님은 기생의 자식도 사랑하나요?" 전도대원이 대답했습니다. "그럼요. 주님은 어떤 죄인이라도 사랑하십니다." 전도대원의 이 한마디가 가가와 도요히코의 마음에 꽂혔습니다. 그리고 주님을 받아들이고 믿음의 사람이 되었습니다. 전도는 사람을 살리는 일입니다.

말씀 속으로

사명자는 늘 깨어 기도해야 합니다

복음을 전하는 일에는 많은 영적인 방해가 있습니다. 사탄은 온갖 방법을 동원하여 우리가 전도하지 못하도록 훼방을 합니다. 우리가 사탄의 방해를 이겨 내기 위해서는 기도해야 합니다. 기도 외에는 이런 방해를 이겨 낼 수 없습니다. 우리가 기도할 때 전도의 문이 열리고, 전도의 기회가 생기고, 전도해야 할 사람을 만나게 하십니다. "주님, 전도의 문을 열어 주옵소서! 주님, 전도할 수 있는 담대한 마음을 주옵소서!"

사명자는 끝까지 충성해야 합니다

"땅끝까지 이르러", 즉 땅끝까지 가서 전도하라고 하셨습니다. 끝까지 갈 수 있는 곳까지, 할 수 있는 데까지 충성을 다하라는 말씀입니다. 한 사람을 전도하는 것은 어려운 일입니다. 그러나 포기하지 않고 끝까지 전도해야 합니다. 주님은 우리에게 "너희는 말씀을 전파하라 때를 얻든지 못 얻든지 항상 힘쓰라"(딤후 4 : 2)고 말씀하셨습니다. 우리는 주님이 그 사람의 마음을 열어 주실 때까지 포기하지 말고 끝까지 전해야 합니다.

사명자는 사랑하는 마음으로 다가가야 합니다

전도는 사랑하는 마음으로 해야 합니다. 영혼을 사랑하는 마음 없이는 전도를 할 수 없습니다. 많은 재산이 있고, 세상적으로 출세를 한 사람이라도 주님을 모르고 주님 없이 산다면 그 인생은 공허한 인생입니다. 우리는 주님을 모르고 주님 없이 사는 사람들을 보면서 긍휼히 여기는 마음을 가져야 합니다. 이런 마음을 달라고 주님께 기도해야 합니다. "주님, 저에게 주님을 모르고 주님 없이 사는 ○○○를 긍휼히 여기는 마음을 주옵소서."

1. 오늘 나눈 말씀 가운데 특별히 마음에 와 닿은 구절이나 배움을 통하여 깨달은 점이나 느낀 점이 있다면 무엇이었습니까?
2. 전도할 때 어려웠던 경험을 이야기해 봅시다.

생활 속으로

삼행시로 고백하는 사명자의 마음

사 :

명 :

자 :

시편으로 드리는 기도

시편 139 : 17~18

사랑의 하나님이여, 주님의 생각이 내게 어찌 그리 보배로우신지요. 그 방법이 어찌 그리 많은지요. 내가 세려고 하여도 그 수가 모래보다 많습니다. 주님을 믿고 부지런히 복음을 전하게 하여 주옵소서. 아멘.

제10과 사순절 3 : 나는 신앙의 본이 되는 삶을 삽니다

[오늘의 말씀 _ 사도행전 20 : 35]

범사에 여러분에게 모본을 보여 준 바와 같이 수고하여 약한 사람들을 돕고 또 주 예수께서 친히 말씀하신 바 주는 것이 받는 것보다 복이 있다 하심을 기억하여야 할지니라

[찬송 _ 찬송가 452장(통 505장) 1절]

내 모든 소원 기도의 제목 예수님 닮기 원함이라
예수님 형상 나 입기 위해 세상의 보화 아끼잖네
예수님 닮기 내가 원하네 날 구원하신 예수님을
내 마음속에 지금 곧 오사 주님의 형상 인치소서

[삶을 나눠요]

누군가에게 본이 되는 삶을 살아 본 경험을 서로 나눠 보십시오.

마음을 여는 글

헨리 나우웬의 『예수의 길』(두란노서원, 2020)이라는 책의 "집으로 가는 길을 잃어버린 사람들"이라는 주제에서는 이런 질문을 던지고 있습니다. "오늘 예수님을 따르고 있는가? 한번쯤 자신을 향해 물어보기 바란다. 그리고, 당신과 나는 그분을 따르는 사람인가?" 우리의 신앙과 삶은 주님을 따르는 것이 기본입니다. 그런데 실제 우리의 믿음과 삶은 세상을 따르고, 내가 원하는 것을 따라가느라 주님을 따르는 길을 벗어나곤 합니다. 사도 바울은 "나를 만족시키는 삶"이 아니라 주님을 만족시키는 삶을 선택했기에 로마서 14 : 8의 말씀대로 온전히 주만 위하여 살 수 있었던 것입니다. 신앙의 본이 되는 삶을 살아서 주님의 제자 됨을 이루어 가시기 바랍니다.

말씀 속으로

신앙의 본이 되는 삶을 살아야 합니다

오늘의 말씀에서 사도 바울은 모범이 되는 믿음과 삶을 부탁하면서 "주는 것이 받는 것보다 복이 있다."고 당부하고 있습니다. 바울은 수고하여 얻은 것으로 약한 자를 도우라고 말합니다. 노년의 삶을 사는 분들이 이 말씀대로 하기는 어려울 것입니다. 그러나 내게 있는 물질로 누군가를 돕는다면 그 또한 약한 자를 돕는 삶이라고 할 수 있을 것입니다. 또한 나눌 수 있는 것을 나눔으로 주는 자의 삶을 살 수 있습니다.

신앙의 본이 되는 삶을 살기 위해서는 말을 나누어야 합니다. 사랑의 말은 사람을 행복하게 합니다. 관계를 좋게 합니다. 또한 감사의 말은 듣는 이로 하여금 삶을 긍정적으로 생각하게 하고, 삶에 만족하게 합니다. 이 두 가지 말만 잘해도 말로 모범된 삶을 살고, 많은 이에게 유익을 줄 수 있을 것입니다.

신앙의 본이 되는 삶을 살기 위해서는 마음을 나누어야 합니다. 잠언 4 : 23의 말씀대로 우리의 마음을 지킬 때(감정을 다스림) 우리의 표정과 눈빛과 자세가 달라집니다. 노년의 특징 중 하나가 고집스러움과 노여움입니다. 그러기에 내 마음만 잘 다스려도 모범이 되고 마음을 나누는 삶을 살 수 있습니다.

신앙의 본이 되는 삶을 살기 위해서는 기도를 나누어야 합니다. 노년의 삶은 번

거룹고 바쁜 일상에서 벗어나 기도할 시간이 더 많은 시기입니다. 그러기에 더 많은 사람을 위해 기도할 수 있고, 기도 중에 더 많은 사람에 대한 관심과 사랑과 하나님의 뜻을 이룰 수 있을 것입니다. 기도의 내용을 기록하십시오. 응답 여부를 알 수 있고, 기도의 대상과 내용이 달라짐을 볼 수 있습니다. 내 가족, 주변, 교회, 나라, 전 세계로 기도의 대상이 계속 많아지게 하십시오. 기도의 내용이 육신적인 것에서 영적인 것으로 확대되게 하십시오. 나눔으로 본이 되는 믿음과 삶을 사실 것입니다.

1. 오늘 나눈 말씀 가운데 특별히 마음에 와 닿은 구절이나 배움을 통하여 깨달은 점이나 느낀 점이 있다면 무엇이었습니까?
2. 타인에게 본이 되는 삶을 살기 위해 내가 실천했던 것들 중에서 행동으로 했던 것과 말로 했던 것들을 찾아보고 나누어 봅시다.

생활 속으로

세월이 흘러갈수록 배려함으로 행복한 성도

1. 준비물 : 쪼개진 사각형(A4 용지), 봉투
2. 진 행 : A4 용지 1장을 각 조에 맞게(6-7명) 사각형 조각으로 준비한 후, 조장을 세웁니다. 조각을 각각의 봉투에 넣은 후 봉투를 1개씩 나누어 줍니다. 조장은 조원들에게 침묵하며 오른쪽으로 한 장씩 넘기면서 조각을 맞추게 합니다. 조각을 다 맞추었으면 활동하면서 들었던 느낌을 나누고, 조장이 자신과 상대의 욕구가 충돌했을 때 어떻게 해야 하는지, 어떻게 헤아려야 하는지에 대해 이야기하며 정리합니다.

시편으로 드리는 기도

시편 133 : 1

사랑의 하나님, "보라 형제가 연합하여 동거함이 어찌 그리 선하고 아름다운고" 하신 말씀대로 믿음 안에서 선하고 아름다운 삶을 나누게 하여 주옵소서. 아멘.

제11과 사순절 4 : 나는 하나님을 기쁘시게 하는 삶을 삽니다

[오늘의 말씀 _ 히브리서 11 : 5~6]

믿음으로 에녹은 죽음을 보지 않고 옮겨졌으니 하나님이 그를 옮기심으로 다시 보이지 아니하였느니라 그는 옮겨지기 전에 하나님을 기쁘시게 하는 자라 하는 증거를 받았느니라 믿음이 없이는 하나님을 기쁘시게 하지 못하나니 하나님께 나아가는 자는 반드시 그가 계신 것과 또한 그가 자기를 찾는 자들에게 상 주시는 이심을 믿어야 할지니라

[찬송 _ 찬송가 545장(통 344장) 1절]

이 눈에 아무 증거 아니 뵈어도 믿음만을 가지고서 늘 걸으며
이 귀에 아무 소리 아니 들려도 하나님의 약속 위에 서리라
걸어가세 믿음 위에 서서 나가세 나가세 의심 버리고 걸어가세 믿음 위에 서서 눈과 귀에 아무 증거 없어도

[삶을 나눠요]

내 삶 속에서 하나님을 기쁘시게 한 것이 있다면 어떤 것인지 서로 나눠 보십시오.

마음을 여는 글

『행복편지』(박시호 저, 북캐슬, 2013)라는 책에 나오는 글입니다. “아름다운 입을 갖고 싶다면 친절한 말을 하라. 사랑스런 눈을 갖고 싶으면 사람들에게서 좋은 점을 봐라. 날씬한 몸매를 가지고 싶으면 너의 음식을 배고픈 사람과 나누어라. 아름다운 머리카락을 갖고 싶으면 하루에 한 번씩 어린이가 너의 머리를 쓰다듬을 수 있게 하라. 아름다운 자세를 갖고 싶으면 결코 너 혼자 걷고 있지 않음을 명심하라. 사람들은 상처로부터 복구되어야 하고 낡은 것으로부터 새로워져야 하고 고통으로부터 구원받고 또 구원받아야 한다. 기억하라. 만약 도움의 손이 필요하다면 너의 팔 끝에 있는 손을 이용하면 된다. 한 손은 너 자신을 돕는 손이고 다른 한 손은 다른 사람을 돕는 손이다.”

말씀 속으로

하나님을 기쁘시게 하는 삶

우리는 누군가를 기쁘게 하려고 할 때 상대방이 기뻐할 만한 것보다 내 생각에 기뻐할 것이라고 판단되는 대로 합니다. 미가 6 : 6~7에 나오는 “일 년 된 송아지, 천천의 숫양, 만만의 강물 같은 기름, 맏아들과 내 몸의 열매”는 사람의 생각에 하나님이 기뻐하실 만한 것입니다. 그렇다면 하나님이 기뻐하시는 것은 무엇일까요?

히브리서 11 : 5에서는 에녹이 하나님을 기쁘시게 하는 자라는 증거를 받았다고 기록합니다. 즉, 하나님께서 기뻐하시는 것은 우리가 하나님과 동행하는 것입니다. 하나님과 동행한다는 것은 미가 6 : 8에서 “오직 정의를 행하며”라는 말씀대로 믿음의 양심을 따라 옳다와 아니다를 분명히 하는 것입니다. 또한 “인자를 사랑하며”라는 말씀처럼 사랑하는 것입니다. 하나님은 레위기 19 : 18에서 “이웃 사랑하기를 네 자신과 같이 사랑하라” 하셨고, 예수님은 요한복음 13 : 34에서 “새 계명을 너희에게 주노니 서로 사랑하라 내가 너희를 사랑한 것같이 너희도 서로 사랑하라” 하셨습니다. 이와 같이 삼위일체 하나님이 명하신 대로 사랑하는 것이 하나님과 동행하며 하나님을 기쁘시게 하는 것입니다. 마지막으로 겸손히 하나님과 함께 행하는 것입니다. 하나님은 겸손한 자를 가까이하시고, 교만한 자를 물리치십니다.

하나님이 기뻐하시는 것에 대한 두 번째 말씀은 히브리서 11 : 6입니다. “믿음이 없이는 하나님을 기쁘시게 하지 못하나니 하나님께 나아가는 자는 반드시 그가 계신 것과 또한 그가 자기를 찾는 자들에게 상 주시는 이심을 믿어야 할지니라". 하나님이 계심을 믿고 열심히 신앙생활을 하는 것이 하나님을 기쁘시게 하는 것입니다.

우리는 우리의 구원을 위해 하나님을 찾고, 우리의 연약함으로 하나님을 찾습니다. 기도의 자리에서 오직 하나님만 바라보고, 하나님을 찾고, 하나님의 손길을 믿고 구할 때 하나님은 우리를 기뻐하실 것입니다.

1. 오늘 나눈 말씀 가운데 특별히 마음에 와 닿은 구절이나 배움을 통하여 깨달은 점이나 느낀 점이 있다면 무엇이었습니까?
2. 하나님을 기쁘시게 하는 삶을 살기 위해 내가 할 수 있는 일은 무엇인지 나누어 봅시다.

생활 속으로

내 삶의 영역에서 하나님을 기쁘시게 할 수 있는 것을 적어 보고, 실천하도록 노력해 봅시다.

신앙생활 속에서	가정생활 속에서
교회생활 속에서	**공동체생활 속에서**

시편으로 드리는 기도

시편 24 : 3~4

사랑의 하나님, "여호와의 산에 오를 자가 누구며 그의 거룩한 곳에 설 자가 누구인가 곧 손이 깨끗하며 마음이 청결하며 뜻을 허탄한 데에 두지 아니하며 거짓 맹세하지 아니하는 자로다" 이 말씀을 실천함으로 온전히 하나님을 기쁘시게 하는 삶을 살아가게 하여 주옵소서. 아멘.

제12과 사순절 5 : 나는 하나님으로 인해 새 힘을 얻습니다

[오늘의 말씀 _ 이사야 40 : 31]

오직 여호와를 앙망하는 자는 새 힘을 얻으리니 독수리가 날개치며 올라감 같을 것이요 달음박질하여도 곤비하지 아니하겠고 걸어가도 피곤하지 아니하리로다

[찬송 _ 찬송가 354장(통 394장) 4절]

주를 앙모하는 자 올라가 올라가 독수리같이
은혜 안에 뛰놀며 주의 영광 보리라 올라가 올라가 독수리같이
주 앙모하는 자 주 앙모하는 자 주 앙모하는 자 늘 강건하리라

[삶을 나눠요]

'하나님' 하면 무엇이 떠오르는지 서로 나눠 보십시오.

마음을 여는 글

세계적인 피아니스트 바이런 재니스는 어렸을 때 교통사고를 당해서 손에 심한 신경통과 신경마비 증세가 있었습니다. 그런 그가 어떻게 세계적인 피아니스트가 될 수 있었을까요? 그는 인터뷰에서 이렇게 말했습니다. "그동안 여러 의사가 수고하였고 침도 많이 맞았습니다. 그러나 기적은 기도했을 때 일어났습니다. 간절히 기도할 때 하나님은 나에게 싸울 용기를 주셨습니다. 나에게 문제는 있습니다. 그러나 그 문제가 나를 정복하지 못합니다. 그것이 믿음이라고 생각합니다." 그는 절망과 고통의 상황에서도 하나님께 기도함으로 위로와 용기를 얻고 승리하는 삶을 살았던 것입니다.

말씀 속으로

하나님을 바라보는 것이 믿음입니다

예루살렘이 멸망한 다음 두 세대가 지나자 바벨론에 포로로 잡혀 온 이스라엘은 현재 처한 상황이 자기들의 잘못과는 상관없이 부당하다고 생각하며 하나님께 불평했습니다. 그러나 이사야 선지자는 전능하신 하나님은 그들의 모든 아픔과 슬픔과 괴로움을 알고 계시고, 또한 피곤하고 지치고 낙담한 자기 백성에게 새 힘을 주신다고 하였습니다.

하나님을 바라본다는 것은 하나님을 신뢰하는 것입니다. 하나님을 신뢰하기에 마음이 하나님을 향하고, 하나님께 은혜를 바라고, 하나님께 간절히 기도하는 것입니다. 우리가 힘들고 어려울 때 하나님을 신뢰하고, 하나님을 바라보고, 하나님께 간절히 기도하면, 하나님께서 새 힘을 주셔서 모든 고난에서 승리하고 믿음의 길을 끝까지 달려가게 해 주십니다.

하나님이 주시는 새 힘으로 살아야 합니다

하나님을 바라보는 것은, 하나님을 신뢰하는 것은 하나님의 은혜를 사모하는 것입니다. 하나님만이 나의 구원이시고 힘이시라는 것을 믿고 고백하며 간절히 하나님의 은혜를 사모하는 것입니다. 시편 42편의 말씀처럼 사슴이 시냇물을 찾듯이 하나님을 찾는 갈급한 마음을 가지는 것입니다.

하나님을 간절히 사모하고 하나님의 은혜를 간절히 사모하는 사람은 하나님께 간절히 기도합니다. 하나님을 신뢰하기에, 하나님의 은혜를 사모하기에, 하나님께서 은혜를 주시고 새 힘을 주실 것을 믿기에 하나님께 간절히 부르짖어 기도하는 것입니다.

1. 오늘 나눈 말씀 가운데 특별히 마음에 와 닿은 구절이나 배움을 통하여 깨달은 점이나 느낀 점이 있다면 무엇이었습니까?
2. '하나님을 바라본다'는 것은 무슨 뜻입니까? 하나님은 나에게 어떤 분인지 고백해 봅시다.

생활 속으로

하나님을 바라보는 삶을 살기 위하여 이전의 나를 돌아보고, 앞으로의 나를 생각해 봅시다.

1. 살아오면서 나를 행복하게 했던 사건이나 일이 있었다면 무엇이었습니까?

---

2. 하나님의 부르심을 이루기 위해 지금 내가 하고 있는 것은 무엇입니까?

시편으로 드리는 기도

시편 42 : 1~3

사랑의 하나님, 사슴이 시냇물을 찾기에 갈급하듯이 하나님을 간절히 사모합니다. 하나님을 신뢰하고, 하나님께 간절히 부르짖음으로 하나님이 주시는 새 힘으로 믿음의 길을 힘차게 달려가게 하여 주옵소서. 아멘.

제13과 종려주일 : 예루살렘으로 입성하시는 예수님을 찬양합니다

[오늘의 말씀 _ 누가복음 19 : 28~40]

…… 이미 감람 산 내리막길에 가까이 오시매 제자의 온 무리가 자기들이 본 바 모든 능한 일로 인하여 기뻐하며 큰 소리로 하나님을 찬양하여 이르되 찬송하리로다 주의 이름으로 오시는 왕이여 하늘에는 평화요 가장 높은 곳에는 영광이로다 하니 ……

[찬송 _ 찬송가 38장 1절]

예수 우리 왕이여 이곳에 오셔서 우리가 왕께 드리는 영광을 받아 주소서
우리는 주님의 백성 주님은 우리 왕이라 왕이신 예수님 오셔서 좌정하사 다스리소서

[삶을 나눠요]

'십자가' 하면 무엇이 떠오르는지 서로 나눠 보십시오.

마음을 여는 글

마크 애터베리의 『광야를 정복한 영적 거인』(이레서원, 2007)이란 책에 이런 이야기가 나옵니다. “몇 년 전 우리 교회에 암으로 죽어 가던 여성이 있었습니다. …… 그녀는 머리카락이 거의 다 빠진 상태였고 얼굴빛은 매우 창백해 보였습니다. 남편이 산소마스크를 들고 옆에서 함께 걷고 있었습니다. 그는 그녀를 맨 뒷자리에 조심스럽게 앉혔고 그녀는 예배를 드렸습니다. 하나님께 손을 들라는 가사의 찬양을 부르는 동안 …… 그녀는 힘없이 떨리는 손이었지만 계속 들고 있었고, 눈을 감고 약간의 미소를 띤 채 나지막하게 찬양을 불렀습니다. 그날 예배에는 두 개의 설교가 있었습니다. 하나는 내가 단상에서 전한 설교였고, 다른 하나는 맨 뒷자리에 앉았던 그녀가 한마디 말도 없이 행한 설교였습니다. 그리고 두 설교 중에 그녀의 것이 훨씬 더 강력했습니다.”

말씀 속으로

우리를 위해서 오신 예수님

예수님은 십자가를 지기 위해 예루살렘으로 올라가실 때 “앞서서” 가셨습니다. 하나님의 뜻에 마지못해 순종하거나 억지로 끌려가는 것이 아니라 적극적으로 순종하시는 모습이었습니다. 그리고 스가랴의 메시아에 대한 예언대로 나귀 새끼를 타셨습니다. 이것을 본 사람들은 하나님이 약속하신 메시아가 오신다고 기뻐하면서 종려나무 가지를 흔들며 예수님을 환영하고 하나님께 영광을 돌렸습니다.

왕으로 오신 예수님은 모든 사람의 찬양과 경배를 받기에 합당하신 분입니다. 세상을 구원하러 오신 예수님, 나를 구원하러 오신 예수님을 소리 높여 찬양하며 살아야 합니다.

오시는 예수님을 기쁨으로 환영해야 합니다

예수님께서 나귀 새끼를 타고 예루살렘으로 들어가실 때 사람들이 “호산나! 다윗의 자손으로 오시는 이여!”라고 환영했습니다. 하나님이 약속하신 메시아가 오신다는 것을 알았기 때문입니다. 왕으로 오신 예수님은 모든 사람의 찬양과 경배를 받기에 합당하신 분입니다. 세상을 구원하러 오신 예수님, 나를 구원하러 오신 예수님을 소리 높여 찬양하고 기쁨으로 환영하는 것이 믿음입니다.

1. 오늘 나눈 말씀 가운데 특별히 마음에 와 닿은 구절이나 배움을 통하여 깨달은 점이나 느낀 점이 있다면 무엇이었습니까?
2. '예수님을 환영한다'는 것은 무슨 뜻입니까? 예수님은 나에게 어떤 분인지 고백해 봅시다.

생활 속으로

예수님을 맞이할 준비가 되었나요?

예수님 당시 성전에서 장사하는 이들은 대제사장의 허락을 받아야 했습니다. 대제사장의 허락을 받은 이들은 명절 때 제물로 사용하는 짐승과 향유와 그밖에 필요한 물품을 매매하였으며, 성전 안에서만 통용되는 유대화폐를 교환해 주었습니다. 그래서 거룩해야 할 성전이 시장과 같이 난장판이 되었던 것입니다. 예수님은 타락하고 더러워진 성전의 모습을 보고 거룩한 분노를 표하시며 성전을 깨끗하게 하셨습니다.

예수님이 성전을 깨끗하게 하신 것처럼, 우리도 내 집과 내 마음을 깨끗하게 준비해야 합니다. 내 마음의 방에 예수님이 찾아오신다면 내가 버려야 할 것들은 무엇이고, 어떻게 깨끗하게 할지 나눠 봅시다. (예 : 욕망, 야망, 시기, 질투, 성공, 돈벌기, 인정받기, 다른 사람을 미워하는 마음 등)

시편으로 드리는 기도

시편 103 : 1

사랑의 하나님, 우리를 사랑하셔서 예수님을 보내 주신 은혜에 감사하며 하나님을 찬양합니다. 날마다 구원의 은혜에 감사하며, 예수님을 찬양하고 기뻐하는 삶을 살게 하여 주옵소서. 아멘.

제14과 부활주일 : 부활하신 예수님을 경배합니다

[오늘의 말씀 _ 누가복음 24 : 1~10]

안식 후 첫날 새벽에 이 여자들이 그 준비한 향품을 가지고 무덤에 가서 돌이 무덤에서 굴려 옮겨진 것을 보고 들어가니 주 예수의 시체가 보이지 아니하더라 이로 인하여 근심할 때에 문득 찬란한 옷을 입은 두 사람이 곁에 섰는지라 여자들이 두려워 얼굴을 땅에 대니 두 사람이 이르되 어찌하여 살아 있는 자를 죽은 자 가운데서 찾느냐 여기 계시지 않고 살아나셨느니라 갈릴리에 계실 때에 너희에게 어떻게 말씀하셨는지를 기억하라 ……

[찬송 _ 찬송가 325장(통 359장) 1절]

예수가 함께 계시니 시험이 오나 겁 없네 기쁨의 근원 되시는 예수를 위해 삽시다
날마다 주를 섬기며 언제나 주를 기리고 그 사랑 안에 살면서 딴 길로 가지 맙시다

[삶을 나눠요]

여인들은 왜 예수님이 이미 말씀하신 부활의 예언을 잊고 있었을까요?

마음을 여는 글

어느 권사님이 손녀딸이 시집을 가는 날, 결혼식에 가기 위해 아침 일찍 미용실에 가서 단장을 하다가 자기가 왜 단장을 했는지 잊어버리셨다고 합니다. 그래서 친구를 만나서 점심을 먹다가 오늘이 손녀딸의 결혼식이라는 것을 알고 부랴부랴 결혼식장에 갔더니 이미 예식이 다 끝나 버렸다고 합니다.
건망증은 나이가 들면 일어날 수 있는 일지만, 문제는 영적 건망증입니다. 하나님의 은혜를 잊어버리면 영적 건망증에 빠지게 됩니다. 원수는 물에 새기고, 은혜는 바위에 새기라는 말씀을 기억하며 하나님이 나에게 주신 은혜를 잊지 않도록 노력해야겠습니다.

말씀 속으로

예수님이 십자가에 달려 돌아가신 후 안식일이 지났습니다. 그리고 안식 후 첫날 새벽에 여인들이 십자가에 달려 돌아가신 예수님이 걱정되어 무덤에 가 보았습니다. 그런데 무덤을 막고 있어야 할 거대한 바위가 옆으로 옮겨져 있었고, 문이 열려 있었습니다. 뿐만 아니라 무덤 안으로 들어가 보니 예수님의 시체가 사라지고 없었습니다. 여인들이 이 두렵고 놀라운 광경 앞에서 어찌하지 못하고 있을 때, 천사의 모습을 한 두 사람이 나타나서 "예수께서는 너희에게 말씀하시던 대로 삼 일 만에 다시 살아나셨다."라고 말했습니다. 여인들이 가만히 생각해 보니, 예수님이 다시 부활하실 거라고 말씀하셨던 것이 기억났습니다. 그래서 그들은 사도들에게 달려가 그들이 경험한 이 놀라운 사건에 대해 이야기했습니다.

오늘의 말씀은 부활 사건을 처음 목격한 여인들의 모습을 기록하고 있습니다. 여인들은 예수님이 부활할 것이라는 말씀을 듣긴 하였지만, 그들은 이 말씀이 무슨 의미인지, 무슨 사건인지 전혀 인식하지 못했습니다. 그러나 빈 무덤 사건을 경험하고 나서야 비로소 예수님의 말씀이 떠올랐습니다. 우리는 예수님이 우리에게 하신 말씀을 잘 기억해야 합니다. 예수님께서 의미 없이 하신 말씀은 아무것도 없습니다. 성경은 모든 말씀이 살아서 움직이는 생명의 말씀입니다. 이 생명의 말씀 속에서 하나님의 능력을 경험하기를 소망합니다.

1. 오늘 나눈 말씀 가운데 특별히 마음에 와 닿은 구절이나 배움을 통하여 깨달은 점이나 느낀 점이 있다면 무엇이었습니까?
2. 예수님의 말씀을 잊지 않기 위해서 우리는 어떻게 해야 할까요?

생활 속으로

우리도 예수님의 부활의 기쁨을 누리며 가족들과 이웃들에게 부활의 인사를 전해 봅시다.

"예수님께서 부활하셨습니다. 예수님을 믿는 우리도 예수님처럼 부활하여 영생을 누릴 것입니다."

시편으로 드리는 기도

시편 103 : 2

하나님, 나의 영혼이 여호와를 날마다 송축하며, 주께서 허락하신 그 모든 은택을 잊지 않게 하옵소서. 아멘.

제15과 소금과 빛이 되는 사람입니다

[오늘의 말씀 _ 마태복음 5 : 13~16]

너희는 세상의 소금이니 소금이 만일 그 맛을 잃으면 무엇으로 짜게 하리요 후에는 아무 쓸 데 없어 다만 밖에 버려져 사람에게 밟힐 뿐이니라 너희는 세상의 빛이라 산 위에 있는 동네가 숨겨지지 못할 것이요 사람이 등불을 켜서 말 아래에 두지 아니하고 등경 위에 두나니 이러므로 집 안 모든 사람에게 비치느니라 이같이 너희 빛이 사람 앞에 비치게 하여 그들로 너희 착한 행실을 보고 하늘에 계신 너희 아버지께 영광을 돌리게 하라

[찬송 _ 찬송가 505장(통 268장) 1절]

온 세상 위하여 나 복음 전하리 만백성 모두 나와서 주 말씀 들으라
죄 중에 빠져서 헤매는 자들아 주님의 음성 듣고서 너 구원받으라
전하고 기도해 매일 증인 되리라 세상 모든 사람 다 듣고 그 사랑 알도록

[삶을 나눠요]

'부정적인 생각'이 끼치는 영향에 대해 서로 나눠 보십시오.

마음을 여는 글

표백제에 많이 들어 있으며 주로 수영장을 소독할 때 사용하는 염소는 1차 세계대전 당시 화학무기로 사용된 무서운 물질입니다. 또한 폭발위험물로 관리되는 나트륨은 공기 중에서 발화하기도 하고, 물과 만나면 크게 폭발하기 때문에 사제 폭탄을 만드는 데 사용되기도 합니다. 그런데 신기한 것은 이토록 위험한 염소와 나트륨이 만나 하나가 되면 전혀 새로운 존재 '염화나트륨', 즉 '소금'이 된다는 것입니다. 성도는 세상의 소금입니다. 단, 예수님 안에서 하나되었을 때 소금이 될 수 있습니다. 각자 교만으로 분리된다면 '소금'(염화나트륨)이 아니라 염소와 나트륨처럼 다른 이들을 상하게 하는 존재가 되고 맙니다.

말씀 속으로

세상의 소금이 되어야 합니다

소금은 첫째, 생명에 꼭 필요한 물질입니다. 아랍의 사막에서는 곳곳에 암염을 두어 그곳을 지나가는 낙타나 양들이 소금을 먹을 수 있도록 했다고 합니다. 군인들도 행군할 때 소금을 조금씩 먹습니다. 생명 유지에 소금 성분이 꼭 필요하기 때문입니다. 둘째, 맛을 냅니다. 밋밋한 음식도 소금을 통해 맛이 살아나는 것을 우리는 잘 알고 있습니다. 셋째, 방부제 역할을 합니다. 소금은 식품이 썩는 것을 막는 중요한 역할을 합니다. 성도는 세상의 소금이기에, 생명을 살리는 일을 해야 합니다. 또한 세상을 살맛나게 만들어야 하며, 세상이 죄로 부패하는 것을 막아야 합니다. 그런데 소금이 자기 역할을 감당하기 위해서는 녹아 없어져야 합니다. 마찬가지로 그리스도인들도 자기를 부인하고, 그리스도와 함께 십자가에 못 박혀야 소금의 역할을 감당할 수 있습니다.

세상의 빛으로 살아야 합니다

빛은 첫째, 죄를 드러냅니다. 어두움 속에서는 얼굴에 검정이 묻어도 알지 못하지만 빛으로 들어가면 알게 됩니다. 빛은 드러내기 때문입니다. 둘째, 길을 비추어야 합니다. 어두운 곳에서는 길을 찾기 어렵지만 빛이 있으면 길이 환하게 잘 보입니다.

셋째, 생명을 전달해야 합니다. 빛이 없으면 아무리 좋은 모종을 심어도 그 생명이 제대로 자라거나 열매를 맺지 못합니다. 이처럼 아무리 똑똑한 사람이라도 생명의 말씀, 복음을 듣지 못하면 구원받을 수 없습니다.

예수님께서는 16절에서 빛을 비추라고 말씀하시며 "그들로 너희 착한 행실을 보고 하늘에 계신 너희 아버지께 영광을 돌리게 하라."고 하십니다. 지금 이 시대는 기독교인의 행실을 보고 아버지께 영광을 돌리기보다는 도리어 영광이 가려질 때가 많습니다. 우리는 이러한 시대 속에서 회개해야 합니다.

예수님께서 말씀하신 '소금과 빛'의 비유 기본 전제는 세상과 그리스도인은 별개의 존재라는 것입니다. 성도는 이 세상에 속한 사람들이 아니라 하나님 나라에 속한 사람들로, 이 땅에서 소금과 빛의 역할을 감당해야 합니다. 성도가 있는 곳은 부패하지 않고 맛이 있는 사회, 빛으로 밝은 사회가 되어야 합니다.

1. 오늘 나눈 말씀 가운데 특별히 마음에 와 닿은 구절이나 배움을 통하여 깨달은 점이나 느낀 점이 있다면 무엇이었습니까?
2. 세상에서 소금과 빛의 역할을 감당하기 위해 내가 할 수 있는 일은 무엇입니까?

생활 속으로

친환경세제 만들기

1. 준비물 : 그릇, 베이킹소다, 구연산, 주방세제, 얼음 트레이, 일회용스푼
2. 방 법 : 그릇에 베이킹소다 4컵, 구연산 1컵, 주방세제 1 큰술을 순서대로 넣고 잘 섞은 다음, 얼음 트레이에 담아 줍니다. 잘 마르면 얼음 트레이에서 덜어 내어 필요할 때마다 하나씩 꺼내 사용합니다.

시편으로 드리는 기도

시편 112 : 1~5

하나님을 경외하며 그의 계명을 즐거워하는 자들이 복되다 말씀하시는 하나님, 하나님의 자녀로서 어두움에 거하지 않고 빛으로 나타나며, 소금처럼 우리 삶이 자비롭고 긍휼이 많으며 의로운 삶을 살게 하여 주옵소서. 아멘.

제16과 예수님을 닮아 가는 제자입니다

[오늘의 말씀 _ 마태복음 4 : 18~22]

갈릴리 해변에 다니시다가 두 형제 곧 베드로라 하는 시몬과 그의 형제 안드레가 바다에 그물 던지는 것을 보시니 그들은 어부라 말씀하시되 나를 따라오라 내가 너희를 사람을 낚는 어부가 되게 하리라 하시니 그들이 곧 그물을 버려 두고 예수를 따르니라 거기서 더 가시다가 다른 두 형제 곧 세베대의 아들 야고보와 그의 형제 요한이 그의 아버지 세베대와 함께 배에서 그물 깁는 것을 보시고 부르시니 그들이 곧 배와 아버지를 버려 두고 예수를 따르니라

[찬송 _ 찬송가 452장(통 505장) 1절]

내 모든 소원 기도의 제목 예수님 닮기 원함이라 예수님 형상 나 입기 위해 세상의 부화 아끼잖네
예수님 닮기 내가 원하네 날 구원하신 예수님을 내 마음속에 지금 곧 오사 주님의 형상 인치소서

[삶을 나눠요]

내 삶의 목표가 무엇이었는지 서로 나눠 보십시오.

마음을 여는 글

스페인의 귀족이며 명문대학의 교수인 라몬은 재력과 학력, 인품을 겸비한 스페인이 자랑하는 인재였습니다. 그러나 그는 예수님을 믿은 후로 무슬림들을 전도하러 아랍 지역으로 떠났습니다. 기독교가 금지되어 있는 나라에 당당히 복음을 전하러 왔다고 말한 라몬은 땅을 밟아 보지도 못하고 추방당했습니다. 오해가 생겨 2년간 감옥에 간 적도 있었습니다. 하지만 그는 계속해서 아랍 지역을 찾아다니며 복음을 전할 방법을 찾았습니다. 그는 노인이 될 때까지 정착할 만한 선교지를 찾지 못했습니다. 고향으로 돌아간다면 언제든지 명예롭고 수준 높은 삶을 다시 살 수 있었지만, 무슬림들에게 복음을 전하는 것이 그가 바라던 삶이었습니다. 라몬은 세상을 떠나기 전에 다음과 같은 명언을 남겼습니다. "이웃을 사랑하지 않는 사람은 살아 있지 못한 사람이다. 그리스도를 따르는 삶을 사는 사람은 결코 죽지 않는다."

말씀 속으로

소명의식이 있어야 합니다

본문에서 예수님은 베드로와 안드레가 그물 던지고 있는 것을 보시고 부르셨고, 야고보와 요한도 아버지와 함께 배에서 그물을 손질하고 있을 때 부르셨습니다. 공통점이 있다면 자기 직업에 충실하던 자를 부르셨다는 사실입니다. 그러므로 오늘날 우리도 예수님의 제자로서의 삶기 위해 하나님으로부터 부름 받았다는 소명의식을 분명히 해야 합니다.

사명의식을 가져야 합니다.

예수님은 네 명의 젊은 어부를 부르시면서 곧바로 사명을 주십니다. "사람 낚는 어부가 되게 하리라." 이것이 바로 사명입니다. 소명의식을 가진다면 반드시 사명의식이 수반되어야 합니다. 하나님이 우리를 각자의 삶의 자리에서 지금 섬기고 있는 교회로 불러 주셨다면 내가 감당해야 할 사명이 있음을 믿어야 합니다. 지금까지 나를 이 세상에서 살게 하신 것은 나를 통하여 이루시고자 하는 다른 사명이 있기 때문입니다. 우리는 이 사명이 무엇인지 항상 확인하고 고백해야 합니다.

충성해야 합니다

오늘의 말씀은 베드로와 안드레와 야고보와 요한이 "곧 그물을 버려 두고 예수를 따르니라"(20절), "곧 배와 아버지를 버려 두고 예수를 따르니라"(22절)라고 했습니다. 이처럼 소명과 사명을 받았으면 무조건 충성해야 합니다. 그것이 참된 제자의 모습입니다.

이와 같은 조건을 다 갖춘 제자라도 예수님을 닮은 제자가 되려면 오직 아버지의 뜻대로 살아야 합니다. 예수님은 인간의 죄를 대속하기 위한 속죄제물로 오셨기에 십자가에서 죽으셨습니다. 하나님 아버지의 뜻을 따라 순종하는 삶을 살기 위해 모든 영화를 다 내려놓으셨습니다. 우리도 사명을 감당하기 위해서 생명까지 내려놓을 수 있어야 합니다(마 16 : 24-25).

1. 오늘 나눈 말씀 가운데 특별히 마음에 와 닿은 구절이나 배움을 통하여 깨달은 점과 느낀 점이 있다면 무엇이었습니까?
2. 내가 예수님을 닮은 제자가 되어 가고 있는지, 부족한 것이 있다면 무엇에 더욱 신경써야 하는지 확인해 봅시다.

생활 속으로

1. 사명의식, 소명의식, 충성 중 내가 가장 잘하고 있는 내용과 부족한 내용이 무엇인지 확인해 봅시다.
2. 예수님의 제자로서 예수님을 닮아 가기 위해 우선적으로 갖추어야 할 요소가 무엇인지 나누어 봅시다.

시편으로 드리는 기도

시편 51 : 10~13

긍휼의 하나님, 내 속에 정한 마음을 창조하시고 내 안에 정직한 영을 새롭게 하소서. 나를 쫓아내지 마시고 성령을 거두지 마십시오. 구원의 즐거움을 내게 회복시켜 주시고 자원하는 심령을 주셔서 나를 붙잡아 주옵소서. 아멘.

제17과 그리스도의 편지입니다

[오늘의 말씀 _ 고린도후서 3 : 3]

너희는 우리로 말미암아 나타난 그리스도의 편지니 이는 먹으로 쓴 것이 아니요 오직 살아 계신 하나님의 영으로 쓴 것이며 또 돌판에 쓴 것이 아니요 오직 육의 마음판에 쓴 것이라

[찬송 _ 찬송가 288장(통 204장) 1절]

예수를 나의 구주 삼고 성령과 피로써 거듭나니 이 세상에서 내 영혼이 하늘의 영광 누리도다
이것이 나의 간증이요 이것이 나의 찬송일세 나 사는 동안 끊임없이 구주를 찬송하리로다

[삶을 나눠요]

지금까지 받은 편지 중에 아직도 기억에 생생하게 남아 있는 감동적인 내용이 있으면 서로 나눠 보십시오.

마음을 여는 글

어느 믿음 좋은 변호사가 출장지에서 주일날 예배를 드릴 교회를 찾게 되었습니다. 그는 교회를 찾던 중, 교통경찰에게 물었습니다. "이 근처에 교회가 어디 있습니까?" 변호사는 교통경찰이 가르쳐 준 교회를 찾아갔습니다. 예배를 드린 후에 돌아오면서 보니까, 숙소에서 가까운 거리에도 몇 개의 교회가 있었습니다. 이상하게 여긴 변호사가 그 교통경찰에게 물었습니다. "아니, 가까운 교회를 놔두고 왜 굳이 먼 곳에 있는 교회를 소개해 줬습니까?" 그러자 경찰은 이렇게 말했습니다. "나도 그 교회를 한 번도 가 본 적이 없습니다. 그런데 그 교회에서 나오는 교인들의 얼굴이 항상 환하게 밝았습니다. 그래서 그 교회를 가르쳐 드리는 것이 좋겠다고 생각했습니다."

말씀 속으로

고린도후서 3 : 3에서는 예수 그리스도를 믿는 신앙을 가진 성도들을 가리켜 '그리스도의 편지'라고 했습니다. '그리스도의 편지'인 우리를 통해 무엇이 전달되어야 할까요?

하나님의 사랑이 전달되어야 합니다

우리가 믿는 하나님은 사랑의 하나님입니다. 하나님의 사랑 때문에 예수님이 세상에 오셨습니다(요 3 : 16). 예수님이 십자가에서 속죄제물로 죽으신 것도 사랑 때문입니다. 사랑의 하나님과 사랑의 예수님을 믿는 성도라면 다른 그 무엇보다도 각자의 마음판에 사랑이 각인되어야 합니다(막 21 : 30-31). 그 사랑의 삶으로 세상 사람들에게 다가가야 합니다(요일 4 : 18). 나를 통하여 사랑이 전달되고 있습니까? 주님이 가르쳐 주신 참 사랑을 나타내는 삶을 삽시다.

하나님의 나라가 전달되어야 합니다

"하나님의 나라는 …… 의와 평강과 희락이라"(롬 14 : 17). 이 세 가지 속성이 나의 삶을 통해 전해져야 합니다. '저런 마음을 가졌기에 마음이 천국 같구나.', '저런 마음을 가졌으니 저 사람의 가정은 천국 같구나.', '교회는 세상 그 어떤 조직보다도 천국 같다.' 하는 마음이 들도록 해야 합니다. 그리스도의 편지로서 의와 평강과 희락의 삶을 살아갑시다.

하나님의 나라로 가는 길이 전달되어야 합니다

예수님을 왜 믿는지 이웃에게 보여 주어야 합니다. 그리스도의 편지인 우리의 마음판에 하나님의 말씀이 새겨져서 삶을 통해 하나님의 사랑이 전달되고, 많은 사람들이 하나님의 나라에 갈 수 있게 해야 합니다. 땅끝까지 복음을 전하여 하나님 나라가 확장되도록 합시다(행 1 : 8).

1. 오늘 나눈 말씀 가운데 특별히 마음에 와 닿은 구절이나 배움을 통하여 깨달은 점이나 느낀 점이 있다면 무엇이었습니까?
2. 그리스도의 편지인 나를 통해 나타나는 그리스도의 모습은 무엇인지 생각해 봅시다.

생활 속으로

1. 나에게서 가장 잘 보이는 편지 내용을 적어 보십시오. 그리고 잘 보이지 않는 내용은 어떤 것인지도 살펴봅시다.

___

___

2. 그리스도의 편지로서의 삶을 살기 위한 결단의 내용을 써 봅시다.

___

___

시편으로 드리는 기도

시편 15 : 1~3

의와 평강과 희락과 사랑의 하나님, 정직하고 공의롭게 살며 진실하게 남의 허물을 말하지 않고 비방하지 않으며 이웃에게 악을 행하지 않는 삶으로 그리스도의 편지 된 삶을 살아 여호와의 장막에 거하는 삶을 살게 하소서. 아멘.

제18과 늙어 가는 것이 아니라 익어 가는 것입니다

[오늘의 말씀 _ 창세기 24 : 10~27]

…… 그가 이르되 우리 주인 아브라함의 하나님 여호와여 원하건대 오늘 나에게 순조롭게 만나게 하사 내 주인 아브라함에게 은혜를 베푸시옵소서 성 중 사람의 딸들이 물 길으러 나오겠사오니 내가 우물 곁에 서 있다가 한 소녀에게 이르기를 청하건대 너는 물동이를 기울여 나로 마시게 하라 하리니 그의 대답이 마시라 내가 당신의 낙타에게도 마시게 하리라 하면 그는 주께서 주의 종 이삭을 위하여 정하신 자라 이로 말미암아 주께서 내 주인에게 은혜 베푸심을 내가 알겠나이다 말을 마치기도 전에 리브가가 물동이를 어깨에 메고 나오니 ……

[찬송 _ 찬송가 401장(통 457장) 1절]

주의 곁에 있을 때 맘이 든든하오니 주여 내가 살 동안 인도하여 주소서
주여 주여 나를 인도하소서 빠른 세상 살 동안 주여 인도하소서

[삶을 나눠요]

천국의 언어(미안해요, 사랑해요, 고마워요, 축복해요.)를 어떻게 사용했는지 서로 나눠 보십시오.

마음을 여는 글

"인생의 겨울이 왔다고 너무 낙심하거나 서러워할 것 없습니다. 나무도 때가 되면 꽃도 지고, 잎도 떨어집니다. 자연의 이치, 세상의 이치를 겸허하게 받아들이는 것, 주름은 많아져도 아름답게 나이들어 가는 것, 함께 나이들어 가는 사람의 얼굴을 보며 웃음 잃지 않고 기운 넘치게 사는 것, 나이들어 멋있게 사는 길입니다." (『고도원의 아침편지』〈고도원 저, 청아출판사〉 중에서)

노년은 과거만 회상하며 죽음이 찾아올 때까지 남겨진 시간을 지루하게 보내는 기간이 아니라 지금 우리 인생의 시간을 더 가치 있고 의미 있는 시간으로 가꾸어 가는 아름다운 시기입니다. 노년의 시기는 늙어 가는 것이 아니라 익어 가는 것입니다.

말씀 속으로

익어 가는 하나님의 사람에게는 사명이 주어집니다

인생 말년에 죽음의 시간이 다가옴을 느낀 아브라함은 어느 날 엘리에셀을 불러 아들 이삭의 짝을 구해 오라는 마지막 부탁을 하였습니다.

엘리에셀은 주인의 약대 중 열 필과 예물을 가지고 가나안을 떠나 메소포타미아의 나홀 성에 이르게 되었습니다. 가나안에서 이곳까지는 2,000리 길이 됩니다. 그가 며칠을 걸려서 나홀 성에 이르렀을 때, 그는 먼저 하나님께 이삭을 위하여 정하신 자를 만나게 해 달라고 간절히 기도했습니다. 그런데 엘리에셀이 기도를 마치기도 전에 한 여인이 물항아리를 어깨에 메고 우물가로 나왔습니다. 그 여인의 이름은 리브가입니다. 리브가는 아브라함의 동생인 나홀과 그의 아내 밀가가 낳은 브두엘의 딸로서 아브라함의 조카딸입니다(15절). 엘리에셀이 리브가에게 물을 좀 달라고 요청했을 때 리브가는 엘리에셀이 물을 마시게 도와주었고, 다시 물을 길어 열 필이나 되는 낙타에게도 시원한 물을 먹였습니다.

익어 가는 하나님의 사람은 사명을 이룹니다

엘리에셀은 리브가의 행동을 묵묵히 지켜보며 과연 기도한 대로 그 기도를 받으시고 순적한 길로 인도해 주신 하나님, 그리고 예비하시고 인도하신 하나님께 고개

숙여 경배하고 찬양했습니다. 그리고 그는 리브가의 집에 머무르며 라반에게 자신이 아브라함의 종인 것과 이곳에 온 이유를 설명하고, 자신이 하란에 도착하여 기도한 것과 그 기도가 응답되어진 것을 차근차근 설명하였습니다. 그리고 마침내 리브가와 함께 아브라함의 집으로 돌아와 이삭의 아내가 되게 하는 사명을 이루었습니다. 엘리에셀은 노년에도 사명이 주어진다는 것을 보여 주었을 뿐만 아니라 하나님의 인도하심에 따라 그 사명을 이루는 은혜를 입은 성경의 사람이 되었습니다.

1. 오늘 나눈 말씀 가운데 특별히 마음에 와 닿은 구절이나 배움을 통하여 깨달은 점이나 느낀 점이 있다면 무엇이었습니까?
2. 기도했을 때 하나님께서 은혜로 인도해 주셨던 경험이 있다면 나누어 봅시다.

생활 속으로

앞으로의 내 인생도 인도해 주실 것을 구하며 기도문을 적어 봅시다.

1. 내가 외로울 때

______

2. 내가 병들었을 때

______

3. 자녀들을 위해 기도할 때

______

4. 세상에 어려운 일들이 생길 때

______

시편으로 드리는 기도

시편 71 : 9

사랑의 하나님, 오늘도 하나님 앞에서 신실하게 살아가게 하시고 늙어 가는 것이 아니라 익어 가는 주의 백성으로서 늘 감사하며 살아가게 하여 주소서. 아멘.

제19과 부모의 유산은 축복기도입니다

[오늘의 말씀 _ 창세기 48 : 15~16]

그가 요셉을 위하여 축복하여 이르되 내 조부 아브라함과 아버지 이삭이 섬기던 하나님, 나의 출생으로부터 지금까지 나를 기르신 하나님, 나를 모든 환난에서 건지신 여호와의 사자께서 이 아이들에게 복을 주시오며 이들로 내 이름과 내 조상 아브라함과 이삭의 이름으로 칭하게 하시오며 이들이 세상에서 번식되게 하시기를 원하나이다

[찬송 _ 찬송가 559장(통 305장) 1절]

사철에 봄바람 불어 잇고 하나님 아버지 모셨으니 믿음의 반석도 든든하다 우리 집 즐거운 동산이라 고마워라 임마누엘 예수만 섬기는 우리 집 고마워라 임마누엘 복되고 즐거운 하루하루

[삶을 나눠요]

자녀를 축복하여 준 일 등에 대해 서로 나눠 보십시오.

마음을 여는 글

한 노인이 뜰에 과일나무를 심고 있었습니다. 그곳을 지나가던 한 나그네가 노인을 향해 말했습니다. "할아버지, 지금 심는 이 나무에서 열매가 언제 열리게 될까요?" 그러자 노인이 하던 일을 계속하면서 대답했습니다. "한 10년 지나야 맛있게 먹을 수 있는 열매가 달릴 거요." 그러자 나그네가 "할아버지 연세가 많으신데 너무 오래 걸리네요." 하고 말했습니다. 그제야 노인이 잠시 일손을 놓고, 나그네를 바라보면서 대답했습니다. "그렇지는 않지요. 하지만 내가 태어났을 때 과수원에 열매가 풍성했었단 말이오. 그 나무를 누가 심어 놓았겠소? 바로 우리 아버지였단 말이오. 아버지가 자손들을 위하여 과일나무를 심어 놓았던 것이지요. 그래서 나도 아버지처럼 하는 것이오."

말씀 속으로

죽음의 시간이 다가온 것을 알게 된 야곱은 자녀들을 위해 축복기도를 해 주었습니다. 오늘 말씀은 열두 아들 중 요셉을 향한 축복기도에 대한 내용입니다.

부모의 유산은 축복기도입니다

요셉은 부친 야곱이 병들었다는 소식을 듣고 자기의 사랑하는 두 아들 므낫세와 에브라임과 함께 찾아갔습니다. 그것은 그의 부친 야곱이 세상을 떠나기 전에 축복기도를 받게 하기 위해서였습니다. 야곱의 축복기도는 병이 깊은 야곱이 겨우 자리에서 일어나 두 손을 들어 손자들의 머리 위에 손을 얹고 안수기도 하는 정도의 단순한 행동이었지만, 요셉은 바로 그 기도가 전능하신 하나님께서 조상 아브라함과 이삭과 부친 야곱을 통해 이어져 내려오는 복이라는 것을 알았고, 부모의 가장 귀한 유산은 축복기도라고 확신했습니다.

자손을 위해 드리는 축복기도

야곱의 축복기도가 시작되었습니다. 야곱은 먼저 할아버지와 아버지의 시대로부터 선하게 인도하셨고, 평생 자신을 지키고 보호하시고 인도하신 하나님을 깊이 묵상하고 신뢰하며 부르고 있습니다. 그리고 아브라함과 이삭과 야곱을 거쳐 흘러온 하나님의 은혜의 물줄기의 방향이 자손 만대에 지속적으로 임하기를 비는 기도로 이어집니다. 마지막으로 야곱은 자신은 이제 죽음을 맞이하게 되지만, 하나님께서 그 자손들은 고향인 가나안 땅으로 다시 돌아가게 하실 것을 굳게 믿으면서 지속적인 하나님의 은혜를 신뢰하며 기도했습니다.

야곱의 축복기도는 그가 평생 살아오면서 경험하였던 하나님의 은혜를 알기에 드릴 수 있었던 기도였고, 야곱이 자손들에게 물려주어야 하는 유산은 어떤 재물이나 세상의 경험이 아니라 하나님의 은혜라는 것을 알려 주었습니다.

1. 오늘 나눈 말씀 가운데 특별히 마음에 와 닿은 구절이나 배움을 통하여 깨달은 점이나 느낀 점이 있다면 무엇이었습니까?
2. 부모로서 나는 자녀들에게 어떤 믿음의 내용을 가르쳐 주었는지 생각해 봅시다.

생활 속으로

부모로 살아온 인생의 희로애락의 이야기를 그래프로 그려 보고 나누어 봅시다.

20대　30대　40대　50대　60대　70대　80대　90대

시편으로 드리는 기도

시편 71 : 18

사랑의 하나님, 내 평생 인도하신 주의 은혜를 늘 기억하며 살게 하시고, 우리 자손들에게 가장 귀한 믿음의 유산인 축복기도를 들려주게 하소서. 아멘.

제20과 예수님은 가르침의 본이 되십니다

[오늘의 말씀 _ 마태복음 6 : 19~34]

…… 오직 너희를 위하여 보물을 하늘에 쌓아 두라 거기는 좀이나 동록이 해하지 못하며 도둑이 구멍을 뚫지도 못하고 도둑질도 못하느니라 네 보물 있는 그곳에는 네 마음도 있느니라 …… 그러므로 염려하여 이르기를 무엇을 먹을까 무엇을 마실까 무엇을 입을까 하지 말라 이는 다 이방인들이 구하는 것이라 너희 하늘 아버지께서 이 모든 것이 너희에게 있어야 할 줄을 아시느니라 ……

[찬송 _ 찬송가 300장(통 406장) 1절]

내 맘이 낙심되며 근심에 눌릴 때 주께서 내게 오사 위로해 주시네
가는 길 캄캄하고 괴로움 많으나 주께서 함께하며 내 짐을 지시네
그 은혜가 내게 족하네 그 은혜가 족하네 이 괴로운 세상 지날 때 그 은혜가 족하네

[삶을 나눠요]

나에게 힘든 일이나 문제가 발생했을 때, 가장 먼저 누구와 상의하는지 서로 나눠 보십시오.

마음을 여는 글

『뿌리』의 작가 알렉스 헤일리의 집에는 초라한 사진이 하나 걸려 있었습니다. 거북이가 높은 담장 위에 올라가 있는 모습을 찍은 사진입니다. 어느 날, 친구가 명성과 걸맞지 않은 사진이라며 다른 멋진 사진으로 바꾸라고 하자 헤일리가 대답했습니다. "이 사진은 매우 소중한 것을 깨우쳐 주는 것일세. 거북이는 걸음도 느리고 높은 곳에도 오르지 못하기 때문에 혼자서는 담장 꼭대기에 올라갈 수 없지. 분명 누군가 도와준 덕분에 그곳에 올라갔을 거야. 거북이처럼 부족한 내가 이 자리까지 어떻게 올 수 있었겠나? 하나님께서 나를 도와주셨기 때문이라네."

말씀 속으로

염려하지 말라

'염려하다'라는 말은 두려워하며 걱정하는 것을 의미합니다. 사람들은 먹고 사는 것과 입고 사는 것을 염려합니다. 그러나 예수님은 우리가 염려하지 말아야 할 이유를 우리가 공중의 새보다 귀하기 때문이라고 말씀하십니다. 그러면서 일상생활에 필요한 음식에 대한 염려와 집착에서 벗어나 하나님의 돌보심을 철저하게 신뢰하라고 말씀하십니다. 공중의 새도 먹이고 기르시는 하나님이 새보다 더 귀한 우리의 필요를 공급하시는 것은 너무나 당연한 일이라는 것입니다.

예수님은 세상의 염려로 가득 찬 제자들을 향해 '믿음이 작은 자들아'라고 말씀하셨습니다. 믿음이 작아서 염려한다는 것입니다. 그러므로 염려는 믿음과 반대되는 개념입니다. 우리는 믿음으로 염려를 물리치며 살아가야 합니다.

네 보물이 있는 그곳에는 네 마음도 있다

어떤 사람의 보물이 땅에 속한 것이라면 그 사람의 관심의 초점은 이 세상에 있습니다. 반대로 어떤 사람의 보물이 하늘에 속한 것이라면 그 사람의 관심의 초점은 하나님과 그의 나라에 있습니다. 오늘 말씀에서 강조하는 것은 재물이 모든 사람들의 신앙을 위협할 수 있다는 것입니다.

사람들은 너무나 쉽게 재물의 종이 될 수 있습니다. 재물의 종이 되어서는 하나님께 전심을 다하여 순종할 수 없습니다. 재물은 이기적인 삶을 살고 계속적인 부의 증식을 추구하도록 유혹합니다. 그러나 하나님은 자기희생을 요구하고 전적인 충성을 명령하십니다. 그래서 하나님께서는 두 주인을 겸하여 섬길 수 없다고 강조하십니다. 우리가 하나님의 명령에 순종하고, 섬기고, 사역하며, 전도하는 모든 일은 하늘에 보물을 쌓는 일입니다. 우리의 관심이 하늘의 보물에 있을수록 우리는 하나님의 말씀대로 살아갈 수 있습니다. 우리의 관심이 하늘의 보물에 있기를 원하고, 더불어 하나님께 더욱 충성하며 순종하는 삶을 살아가기 원합니다.

1. 오늘 나눈 말씀 가운데 특별히 마음에 와 닿은 구절이나 배움을 통하여 깨달은 점이나 느낀 점이 있다면 무엇이었습니까?
2. 우리가 염려하지 말아야 할 이유가 무엇입니까?

생활 속으로

'염려거리'는 '기도거리'라는 말이 있습니다. '기도거리'라는 기도노트를 작성해 봅시다. 매일매일 내 마음속에 생겨나는 염려와 근심들을 기도노트에 적습니다. 그리고 그것을 기도제목으로 바꾸고 기도문을 작성합니다. 응답된 기도는 형광펜으로 칠하고, 빨간색 펜으로 '응답'이라고 적습니다. 내가 염려와 근심을 기도제목으로 바꾸었을 때, 하나님께서 주신 응답이 얼마나 크고 풍성한지 깨닫게 될 것입니다.

시편으로 드리는 기도

시편 31 : 1~2

사랑과 은혜가 풍성하신 하나님, 내가 주께 피하오니 주의 공의로 나를 건져 주옵소서. 내게 귀를 기울여 속히 건지시고, 내게 견고한 바위와 구원하는 산성이 되어 주옵소서. 아멘.

제21과 성령강림주일 : 성령님은 위로자이십니다

[오늘의 말씀 _ 요한복음 20 : 19~22]

이날 곧 안식 후 첫날 저녁 때에 제자들이 유대인들을 두려워하여 모인 곳의 문들을 닫았더니 예수께서 오사 가운데 서서 이르시되 너희에게 평강이 있을지어다 이 말씀을 하시고 손과 옆구리를 보이시니 제자들이 주를 보고 기뻐하더라 예수께서 또 이르시되 너희에게 평강이 있을지어다 아버지께서 나를 보내신 것 같이 나도 너희를 보내노라 이 말씀을 하시고 그들을 향하사 숨을 내쉬며 이르시되 성령을 받으라

[찬송 _ 찬송가 183장(통 172장) 1절]

빈 들에 마른 풀같이 시들은 나의 영혼 주님이 약속한 성령 간절히 기다리네
가물어 메마른 땅에 단비를 내리시듯 성령의 단비를 부어 새 생명 주옵소서

[삶을 나눠요]

'성령님' 하면 떠오르는 생각이 무엇인지 서로 나눠 보십시오.

마음을 여는 글

헨리 나우웬은 '사람들은 두려움의 집에 머문다.'고 진단합니다. 두려움의 집에 머물게 되면 모든 것을 '두려움'으로부터 시작하게 됩니다. 두려움은 두려움을 낳습니다.
예수님께서 십자가에 달려 죽으신 후 제자들은 몹시 두려워하였습니다. 이에 부활하신 예수님께서는 두려워 문을 걸어 잠근 제자들 곁으로 친히 찾아오셔서 말씀하셨습니다. "너희에게 평강이 있을지어다." 그리고 뒤이어 "성령을 받으라." 말씀하셨습니다.

말씀 속으로

성령을 받으라

부활하신 주님께서 제자들을 찾아오셨을 때, 그들은 유대인들이 두려워 문을 닫아 두었습니다. 이에 예수님께서는 두려워하는 제자들에게 말씀하셨습니다. "너희에게 평강이 있을지어다." 그리고 그들을 향하여 숨을 내쉬며 "성령을 받으라." 말씀하셨습니다.

태초에 삼위일체 하나님께서 생명 없는 흙덩이에 생기를 불어넣으셔서 사람을 지으신 것처럼, 부활의 주님은 죽음의 두려움에 사로잡힌 제자들에게 생기를 불어넣으시듯 "성령을 받으라." 말씀하심으로 평강을 주십니다. 성령님은 죽음의 두려움을 몰아내고 평강을 주시는 분입니다. 성령님은 우리를 생명으로 살게 하실 뿐 아니라 죽음 너머까지 주관하시며 평강으로 지켜 주시기에 진정한 위로자가 되십니다.

두려움의 실체-죽음

제자들을 두렵게 한 실체는 죽음입니다. 제자들은 예수님께서 십자가에 달려 돌아가신 것처럼 자신들도 죽게 될까 봐 두려웠습니다. 죽음은 누구도 피해 갈 수 없기에 인간이 극복할 수 없는 영역입니다. 그러나 예수님은 말씀대로 사흘 만에 죽은 자 가운데서 부활하셔서 '잠자는 자들의 첫 열매'(고전 15 : 20)가 되셨습니다. 인생의 가장 큰 두려움은 죽음입니다. 하지만 죽음의 두려움에 갇힌 우리에게 성령님은 위로자가 되십니다. 성령님께서 위로자가 되시는 이유는 죽음의 두려움을 몰아내고 평강을 주시기 때문입니다.

죄와 사망에서 해방하시는 성령님

우리에게 필요한 것은 삶이 하나님께로부터 말미암은 선물이듯, 죽음도 하나님이 설계하신 정상적인 과정이라는 이해입니다. 그리스도인만큼 삶과 죽음에 대해 분명한 이해와 믿음을 가진 이들은 없습니다. 예수 그리스도의 십자가와 부활을 통해 하나님은 우리에게 '그를 믿는 자마다 멸망하지 않고 영생을 얻게'(요 3 : 16) 하셨기 때문입니다. 죄와 죽음이 우리를 두려움으로 몰아가는 세상에서 진정한 위로는 어디에 있을까요? 바로 우리를 이 모든 두려움에서 해방하신 성령님이십니다. 성령님 안에서 평강을 누립시다.

1. 오늘 나눈 말씀 가운데 특별히 마음에 와 닿은 구절이나 배움을 통하여 깨달은 점이나 느낀 점이 있다면 무엇이었습니까?
2. "성령을 받으라."는 말씀이 나에게 어떻게 다가오나요?

생활 속으로

내가 원하는 죽음에 대하여

1. 준비물 : A4 용지 또는 편지지, 볼펜
2. 방 법 : 내가 원하는 죽음에 대해 기록해 봅시다. 가족들에게 자신의 죽음에 대해 어떤 이야기를 들려주고 싶습니까? 죽음을 앞두고 있다고 가정할 때, 누구에게 어떤 작별인사를 전하고 싶습니까? 작별인사를 전하고 싶은 대상에게 작별인사말을 기록해 봅시다. 나 자신의 장례식은 어떻게 진행하는 게 좋을지 한번 생각해 봅시다. 죽음의 두려움에서 해방하시는 생명의 성령님을 의지하며 평강을 누립시다.

시편으로 드리는 기도

시편 90 : 12

위로의 성령님, 우리에게 인생의 사는 날을 계수하도록 가르쳐 주셔서 지혜로운 마음을 얻게 하시고, 죄와 죽음에서 해방하시는 성령님을 의지하여 삶을 준비하듯 죽음도 준비하며 살게 하소서. 아멘.

제22과 하나님의 자녀는 믿음으로 살아갑니다

[오늘의 말씀 _ 로마서 3 : 26~27]

곧 이때에 자기의 의로우심을 나타내사 자기도 의로우시며 또한 예수 믿는 자를 의롭다 하려 하심이라 그런즉 자랑할 데가 어디냐 있을 수가 없느니라 무슨 법으로냐 행위로냐 아니라 오직 믿음의 법으로니라

[찬송 _ 찬송가 357장(통 397장) 1절]

주 믿는 사람 일어나 다 힘을 합하여 이 세상 모든 마귀를 다 쳐서 멸하세
저 앞에 오는 적군을 다 싸워 이겨라 주 예수 믿는 힘으로 온 세상 이기네
믿음이 이기네 믿음이 이기네 주 예수를 믿음이 온 세상 이기네

[삶을 나눠요]

지금까지 "나는 예수님을 믿는 사람입니다."라는 말을 얼마나 했는지 서로 나눠 보십시오.

마음을 여는 글

"나는 나이가 점점 많아짐으로 내가 젓는 노를 의지하지 아니하고 이제는 돛을 높이 달고 바람을 의지하노라." 인도의 유명한 시인 타고르가 인생 말년에 한 고백입니다. 우리의 고백도 같을 것입니다. 주의 은혜로 살아온 시간들을 고백하며 이제는 더욱 믿음의 돛을 높이 달고 성령의 능력을 의지해야 합니다. 육신의 눈이 어두워질 때 믿음의 눈이 밝아져야 합니다. 연약해진 우리가 더 이상 할 일이 없다고 생각할 때 하나님께서 손을 놓으셨다고, 이제는 나를 잊으셨다고 생각하기 쉽습니다. 그러나 하나님은 오늘도 나를 통하여 일하기 원하십니다.

말씀 속으로

예수 그리스도를 통한 하나님의 은혜로 의롭다 하심을 얻을 수 있습니다

우리의 어떤 자랑거리나 행위로도 구원받거나 의롭다 여김을 받을 수 없습니다. "모든 사람이 죄를 범하였으매 하나님의 영광에 이르지 못하더니"(롬 3 : 23). 우리는 모두 죄인으로 하나님의 영광에 이르지 못하는 자들이었습니다. 그러나 "그리스도 예수 안에 있는 속량으로 말미암아 하나님의 은혜로 값없이 의롭다 하심을 얻은 자 되었느니라"(롬 3 : 24)고 바울은 전하고 있습니다. 구원은 하나님이 값없이 거저 주시는 선물입니다. 곧 예수 그리스도께서 십자가에서 죽으심으로 온 인류의 죗값을 치르셨기에 우리는 값없이 구원받게 된 것입니다. 그러므로 의롭게 되는 유일한 근거는 예수 그리스도의 보혈입니다. "다른 이로써는 구원을 받을 수 없나니 천하 사람 중에 구원을 받을 만한 다른 이름을 우리에게 주신 일이 없음이라 하였더라"(행 4 : 12)라는 말씀과 같이, 오직 예수님을 믿는 것만이 구원의 길입니다.

하나님의 자녀는 믿음으로 살아갑니다

"그러므로 사람이 의롭다 하심을 얻는 것은 율법의 행위에 있지 않고 믿음으로 되는 줄 우리가 인정하노라"(롬 3 : 28). 그러므로 우리가 하나님의 아들 예수 그리스도를 믿기만 하면 우리는 의로운 자로 인정받는 것입니다. 우리는 하나님 앞에서 자랑할 만할 것이 아무것도 없습니다. 자랑할 것이 있다면 우리를 위해 죽으신 예수님의 은혜를 입었다는 것입니다. 그래서 우리의 자랑은 예수 그리스도입니다. 이 고백이 있는 자들이 하나님의 자녀요 믿음으로 살아가는 자들입니다. 오늘도 믿음의 고백으로 살아가는 우리를 통하여 예수 그리스도의 이름이 영광을 받으실 것입니다.

1. 오늘 나눈 말씀 가운데 특별히 마음에 와 닿은 구절이나 배움을 통하여 깨달은 점이나 느낀 점이 있다면 무엇이었습니까?
2. 내 인생의 시간 속에서 믿음의 사람으로, 예수님의 이름으로 한 좋은 일이 무엇이었는지 생각해 봅시다.

생활 속으로

우리는 저마다 주어진 삶의 시간을 살아갑니다. 세례 요한은 30년 조금 넘게 살았지만 그 누구보다도 값진 생애를 살았습니다. 모세는 120살까지 오래 살면서 귀한 하나님의 일을 많이 했습니다. 중요한 것은 생애의 길고 짧음이 아니라 하나님께서 우리 각자에게 주신 삶을 후회 없이 살아가는 것입니다. 믿음의 사람으로서 하고 싶은 일을 세 가지 적어 보세요.

1. ______________________________
2. ______________________________
3. ______________________________

시편으로 드리는 기도

시편 139 : 3

사랑의 하나님, 오늘도 주 앞에서 살아가게 하소서. 나의 모든 행위가 자랑이나 외식이 아니라 믿음의 고백으로 나오게 하소서. 오늘도 예수 그리스도의 이름만 드러나게 하소서. 아멘.

제23과 갈렙은 하나님을 좇았습니다

[오늘의 말씀 _ 신명기 1 : 34~36]

여호와께서 너희의 말소리를 들으시고 노하사 맹세하여 이르시되 이 악한 세대 사람들 중에는 내가 그들의 조상에게 주기로 맹세한 좋은 땅을 볼 자가 하나도 없으리라 오직 여분네의 아들 갈렙은 온전히 여호와께 순종하였은즉 그는 그것을 볼 것이요 그가 밟은 땅을 내가 그와 그의 자손에게 주리라 하시고

[찬송 _ 찬송가 301장(통 460장) 1절]

지금까지 지내온 것 주의 크신 은혜라 한이 없는 주의 사랑 어찌 이루 말하랴
자나 깨나 주의 손이 항상 살펴 주시고 모든 일을 주 안에서 형통하게 하시네

[삶을 나눠요]

온전히 하나님만 좇는 삶이란 무엇인지 서로 나눠 보십시오.

마음을 여는 글

중국의 저우언라이는 부자집 아들로 태어나 일본 유학까지 한 지식인입니다. 마오쩌둥은 가난한 농부의 아들로 태어나 독학을 한 사람입니다. 그런데 마오쩌둥의 지도자적 자질을 알게 된 저우언라이는 1935년 1월 마오쩌둥을 사령관으로 추천했습니다. 저우언라이는 마오쩌둥만이 중국의 미래를 이끌 수 있는 지도자의 자질과 두뇌와 가슴, 그리고 감성과 지성을 겸비한 카리스마를 가지고 있으며, 민중을 이끌고 혁명을 완수할 수 있다고 생각했습니다. 저우언라이는 40년 동안 마오쩌둥의 뒤에 서서 마오쩌둥의 부족한 부분을 채워 주었습니다.

말씀 속으로

이스라엘 민족은 출애굽하여 가나안 땅으로 들어가기 전, 먼저 그 땅을 정탐하기 위해 각 지파에서 한 명씩 정탐꾼을 선발했습니다. 이때 유다 지파에서 뽑힌 용사가 갈렙, 에브라임 지파에서 뽑힌 용사가 여호수아였습니다. 여호수아는 이미 아말렉과의 전투에서 공을 세웠고, 모세의 수종자로 뽑힌 장수였습니다. 이때부터 갈렙은 여호수아와 45년간 함께하며 2인자로 생을 마칩니다. 그러나 한 번도 자리를 놓고 경쟁하거나 불평하지 않고 묵묵히 여호수아를 도와주었습니다.

갈렙은 언제나 온전히 하나님을 좇는 삶을 살았습니다

이스라엘 백성이 애굽에서 나올 때 20세 이상 된 남자만 계수하니 603,550명이었습니다. 그러나 여호수아와 갈렙 단 두 명만을 제외한 모두가 가나안 땅에 들어가지 못하고 광야에서 죽었습니다. 2명을 제외한 모든 백성이 죽은 이유에 대하여 "그들이 하나님을 온전히 따르지 아니하였음이니라."고 말씀하고 있습니다. 갈렙이 살아서 가나안 땅을 밟을 수 있었던 이유는 그가 온전히 하나님을 따르는 사람이었기 때문입니다.

온전히 하나님을 좇는 자는 나이가 아니라 사명으로 삽니다

이스라엘이 가나안에 살고 있었던 일곱 족속을 물리치고 그 땅을 정복한 후 각 지파별로 땅을 분배하기 시작했습니다. 그때 85세의 백발이 성성한 갈렙이 여호수아에게 40여 년 전 하나님이 주시기로 약속한 땅이라며 헤브론을 달라고 말했습니다. 갈렙은 좋은 땅을 차지할 수 있음에도 아직 적군이 남아 있는 헤브론 산지를 달라고 했습니다. "이 산지를 내게 주소서." 나이는 85세이지만 믿음은 옛날 그대로였습니다. 하나님께서는 그런 갈렙에게 복을 주셔서 헤브론을 점령하고 그의 기업이 되도록 도와주셨습니다. 갈렙은 하나님을 온전히 따르는 자가 얼마나 강건할 수 있는지 보여 줄 뿐만 아니라 비록 늙더라도 온전히 하나님을 신뢰할 때 큰 일을 행할 수 있음을 보여 주고 있습니다.

1. 오늘 나눈 말씀 가운데 특별히 마음에 와 닿은 구절이나 배움을 통하여 깨달은 점이나 느낀 점이 있다면 무엇이었습니까?
2. 갈렙처럼 끊임없이 도전하고 승리하는 삶을 살기 위해서 갖추어야 할 것은 무엇인가요?

생활 속으로

1. 내 인생에서 가장 기억에 남는 5장면을 떠올려 봅시다.

---

2. 5장면을 선택한 이유와 지금 내 인생에 어떤 영향을 끼쳤는지, 그리고 앞으로 꼭 하고 싶은 것은 무엇인지 이야기해 봅시다.

시편으로 드리는 기도

시편 139 : 1~3

하나님, 주께서 나의 앉고 일어섬을 아시고 언제 어디서나 살펴보시며 동행하여 주심에 감사를 드립니다. 영원히 하나님의 길을 좇는 자녀가 되게 하여 주옵소서. 아멘.

제24과 예레미야는 눈물의 종입니다

[오늘의 말씀 _ 예레미야 9 : 1~6]

어찌하면 내 머리는 물이 되고 내 눈은 눈물 근원이 될꼬 죽임을 당한 딸 내 백성을 위하여 주야로 울리로다 ……

[찬송 _ 찬송가 549장(통 431장) 2절]

내 주여 뜻대로 행하시옵소서 큰 근심 중에도 낙심케 마소서
주님도 때로는 울기도 하셨네 날 주관하셔서 뜻대로 하소서

[삶을 나눠요]

지금까지 가장 많은 눈물을 흘려 본 적이 언제였는지 서로 나눠 보십시오.

마음을 여는 글

서양에서는 어머니가 시집가는 딸에게 진주를 주는 풍습이 있습니다. 이때 진주를 'Frozen Tears'(얼어붙은 눈물)라고 부릅니다. 아마도 딸이 시집살이하다가 속상해할 때, 조개가 살 속에 모래알이 박힌 고통을 이겨 내고 아름다운 진주를 만들어 내는 것처럼 잘 참고 견뎌 내라는 뜻일 것입니다. 진주는 조개 안에서 만들어집니다. 어쩌다 조개의 몸속에 들어온 모래알은 조갯살 속에 박혀 고통을 줍니다. 그때 조개는 'nacre'(진주층)이라는 생명의 즙을 짜내어 모래알 주변을 덮어 싸고 또 덮어 쌉니다. 그렇게 시간이 흐르면 바로 진주가 되는 것입니다.

살다 보면 우리의 삶에도 이런저런 모래알이 들어올 때가 있습니다. 그것을 우리는 '시련'이라고 부릅니다. 우리에게 시련이 임할 때 '내가 지금 값진 진주를 품고 있구나!'라고 생각합시다. 내가 당하는 시련이 크면 클수록 '내가 품고 있는 진주가 크고 더 값지겠구나!'라고 생각합시다. 그러면 오늘 우리가 흘리는 눈물이 아름다운 진주로 바뀔 것입니다. "눈물을 흘리며 씨를 뿌리는 자는 기쁨으로 거두리로다"(시 126 : 5).

말씀 속으로

예레미야는 "어찌하면 내 머리는 물이 되고 내 눈은 눈물 근원이 될꼬 죽임을 당한 딸 내 백성을 위하여 주야로 울리로다"라고 말씀합니다. 이것은 예레미야가 자신의 모든 것이 눈물의 근원이 되어 눈물을 흘리는데, 그것은 바로 "죽임을 당한 딸 내 백성을 위하여 울리라"는 것입니다.

죽임을 당한 딸!

예레미야는 자신의 나라 유대가 바벨론의 침공으로 멸망되고, 백성들은 70년간 바벨론의 노예가 될 것을 예언합니다. 얼마나 안타까운 마음이면 유대를 "죽임을 당한 딸"이라고 표현했겠습니까? 예레미야의 이런 안타까운 마음이 예레미야 8~9장과 예레미야애가에 잘 나타나 있습니다. 그 내용을 간단하게 정리하면 첫째, 하나님을 떠난 백성들이 자신들의 죄를 깨닫지 않기 때문이며, 둘째, 회개하면 용서받고 치료받고 구원받을 수 있는데도 그 말씀을 순종치 않음에 대한 안타까움이며, 셋째, 하나님께서 징벌하실 것을 경고해도 듣지 않기 때문에 예레미야가 안타까움으로 눈물을 흘리는 것입니다.

예레미야의 눈물의 기도 속에는 안타까움뿐만 아니라 하나님에 대한 간절함, 백성에 대한 강한 긍휼, 그러면서도 결국 하나님께만 맡길 수밖에 없는 소생적 신뢰가 담겨 있었습니다.

1. 오늘 나눈 말씀 가운데 특별히 마음에 와 닿은 구절이나 배움을 통하여 깨달은 점이나 느낀 점이 있다면 무엇이었습니까?
2. "나는 ________________를 위하여 눈물의 기도를 드리겠습니다." 서로 손을 잡고, 고백한 후 합심으로 기도합시다.

생활 속으로

성경에서 다른 사람을 위하여 중보하는 대표적인 장면이 마가복음 2 : 1~12에 나옵니다. 네 명의 친구들이 중풍병에 걸린 사람을 침상에 눕힌 후, 지붕에 올라가 지붕을 뜯고 침상을 예수님 앞에 내려놓으며 치료해 달라고 간구했습니다.

1. 나는 누구를 예수님께 데려가고 싶은지 생각해 봅시다.
2. 내가 그 사람을 예수님께로 꼭 데려가야 하는 이유는 무엇입니까?
3. 예수님께 그 사람을 데리고 갈 때 방해되거나 힘든 것은 무엇입니까?
4. 예수님은 내가 데려간 그 사람을 어떻게 맞이하여 주실까요?

시편으로 드리는 기도

시편 30 : 10~11

하나님, 나의 간구를 들으시고 은혜를 베푸셔서 돕는 자가 되게 하시니 감사합니다. 언제나 내 인생에서 슬픔이 변하여 춤이 되게 하시고, 베옷을 벗기고 기쁨으로 띠 띠우며 살아가게 인도하여 주옵소서. 아멘.

제25과 바나바는 사람을 세우는 헌신자입니다

[오늘의 말씀 _ 사도행전 11 : 19~26]

…… 예루살렘 교회가 이 사람들의 소문을 듣고 바나바를 안디옥까지 보내니 그가 이르러 하나님의 은혜를 보고 기뻐하여 모든 사람에게 굳건한 마음으로 주와 함께 머물러 있으라 권하니 바나바는 착한 사람이요 성령과 믿음이 충만한 사람이라 이에 큰 무리가 주께 더하여지더라 바나바가 사울을 찾으러 다소에 가서 만나매 안디옥에 데리고 와서 둘이 교회에 일 년간 모여 있어 큰 무리를 가르쳤고 제자들이 안디옥에서 비로소 그리스도인이라 일컬음을 받게 되었더라

[찬송 _ 찬송가 595장(통 372장) 1절]

나 맡은 본분은 구주를 높이고 뭇 영혼 구원얻도록 잘 인도함이라

[삶을 나눠요]

'그리스도인'이라는 말을 듣게 된 이유는 무엇인지 서로 나눠 보십시오.

마음을 여는 글

구브로에서 난 바나바는 본명이 아니라 별명입니다. 별명이 본명보다 그 사람을 잘 설명해 줄 때가 많습니다. 사람들이 별명을 지을 때 특징을 따라 별명을 붙이기 때문입니다. 구브로는 지금의 키프로스 혹은 사이프러스라고 합니다. 즉, 바나바는 섬에서 출생한 유대인이었음을 알 수 있습니다. 언제 어떻게 구브로에 정착했는지 알 수 없으나 그는 레위 족속이었으며, 본명은 요셉이었습니다. 바나바가 초대교회에서 얼마나 인정을 받는 사람이었는지 사도들이 그의 별명을 '바나바'라고 불렀습니다. 바나바는 헬라어로 '바르나바스'로 '안위의 아들, 권위하는 자'입니다. '권위'는 권면하고 위로한다는 뜻입니다. '바나바'라는 별명을 통해 그가 얼마나 덕이 높고 성품이 좋은 사람으로 평가받고 있었는지 알 수 있습니다.

말씀 속으로

헌신의 사람 바나바

바나바는 예루살렘에 와서 복음을 듣고 개종하여 신자가 된 후 다른 사람들을 권면하고 위로하는 일을 했습니다. 바나바가 얼마나 잘하는지 그를 통해 마음이 상한 자가 위로받고, 믿음이 흔들리는 자가 바로 서는 역사가 일어났습니다. 그래서 '권위하는 자'라는 별명인 '바나바'가 본명처럼 불리게 된 것입니다. 또한 바나바는 구원받은 은혜에 감사하여 자기의 소유를 아낌없이 하나님께 드렸습니다. 아낌없이 드린 바나바의 헌신의 삶을 통하여 제자들은 복음사역에 매진할 수 있었습니다.

사람을 세우는 사람 바나바

안디옥 교회에서 선교사로 파송받아 갈 때 선교단장은 바나바였습니다. 사도행전 13 : 2을 보면 "내가 불러 시키는 일을 위하여 바나바와 사울을 따로 세우라 하시니"라고 기록합니다. 그런데 구브로를 지나 소아시아 지방에 상륙하여 비시니아 안디옥에서 전도할 때 사울의 이름이 바울로 바뀌었습니다. 이름의 순서도 바나바가 뒤로 가고 바울이 앞으로 오게 됩니다. "회당의 모임이 끝난 후에 유대인과 유대교에 입교한 경건한 사람들이 많이 바울과 바나바를 따르니"(행 13 : 43). 이는 바나바가 바울이 앞장서서 일할 수 있도록 단장의 자리를 내어 준 것이라 여겨집니다. 이를 통해 바나바가 사람을 세우는 사람이었음을 짐작할 수 있습니다.

용서하는 사람 바나바

1차 전도여행 때 험한 여정을 이기지 못한 마가 요한이 말도 없이 선교단에서 떠나 예루살렘으로 가 버린 사건이 일어났습니다. 이 일로 바나바와 바울은 마음에 상처를 받았습니다. 그 후 2차 전도여행을 떠날 때 바나바는 마가 요한에게 다시 한 번 기회를 주자고 제안했습니다. 그러나 바울이 절대 안 된다고 일언지하에 거절하는 바람에 다툼이 일어나 갈라서게 되었고, 바나바는 마가 요한을 데리고 구브로 지방을 향하여 선교를 떠났습니다(행 15장). 바나바는 실수한 마가 요한을 용서하고 다시 세워 주는 아량을 가진 사람이었습니다.

1. 오늘 나눈 말씀 가운데 특별히 마음에 와 닿은 구절이나 배움을 통하여 깨달은 점이나 느낀 점이 있다면 무엇이었습니까?
2. 바나바가 사도들의 발 앞에 자신의 것을 내려놓은 것처럼, 내가 주님 앞에 내려놓을 것은 무엇이 있는지 찾아보고 드리는 삶을 실천하여 봅시다.

생활 속으로

사람을 세우는 바나바처럼 내가 사람을 세운 경험이 있다면 서로 나누어 봅시다.

시편으로 드리는 기도

시편 27 : 4

사랑의 하나님, 오직 여호와 하나님만 의지하며 살게 하여 주시고, 평생토록 여호와의 집에 살면서 여호와의 아름다움을 바라보고 하나님의 성전을 사모하며 그 집에서 떠나지 않게 하여 주옵소서. 아멘.

제26과 요한은 믿음의 사람입니다

[오늘의 말씀 _ 요한복음 1 : 26~27]

요한이 대답하되 나는 물로 세례를 베풀거니와 너희 가운데 너희가 알지 못하는 한 사람이 섰으니 곧 내 뒤에 오시는 그이라 나는 그의 신발끈을 풀기도 감당하지 못하겠노라 하더라

[찬송 _ 찬송가 90장(통 98장) 1절]

주 예수 내가 알기 전 날 먼저 사랑했네 그 크신 사랑 나타나 내 영혼 거듭났네
주 내 맘에 늘 계시고 나 주의 안에 있어 저 포도비유 같으니 참 좋은 나의 친구

[삶을 나눠유]

드라마 또는 영화에서 주연이 아닌 조연의 역할이 무엇인지 서로 나눠 보십시오.

마음을 여는 글

몇 년 전에 한 영화배우가 남우주연상을 받는 시상식에서 소감으로 한 말이 지금도 잊혀지지 않습니다. 자신은 다 차려놓은 밥상을 맛있게 먹었을 뿐이라며 좋은 영화를 만들어 준 수많은 보조 연기자들과 스태프들에게 감사의 뜻을 전했습니다. 그렇습니다. 그가 상을 받게 된 것은 그 혼자만의 능력으로는 불가능한 일이었습니다. 상을 받는 분도 귀하지만 더 귀한 것은 이름도 없이 묵묵히 자기 일을 감당하는 보조연기자들과 스태프들이라고 생각합니다.

성경에서 하나님께서 쓰신 사람들은 모두 주인공이신 하나님과 예수 그리스도의 들러리였습니다. 철저하게 하나님만 높이고 나는 빠질 때 우리에게 기쁨이 충만할 것입니다. 우리는 그거면 족합니다.

말씀 속으로

나는 그리스도가 아니다

당시 사람들은 요한의 신비로운 탄생, 광야의 외침과 선포로 인해 그를 '메시야'로 착각했습니다. 그러나 요한은 "당신이 누구요? 그리스도가 아니요?"라는 질문에 분명히 말합니다. "나는 그리스도가 아니다." 요한이 자기를 낮추고 제한할 때 오히려 그는 더 높아졌습니다.

그는 흥하여야 하고, 나는 쇠하여야 하리라

요한은 당시 최고의 선지자로 인정받던 사람입니다. 그는 자기의 제자들을 세우고 회개운동을 펼치던 지도자였습니다. 그런데 그가 예수님을 대중에게 소개하고 난 후, 사람들이 세례를 받으러 예수님께 더 많이 가게 되었습니다. 그때 세례 요한의 제자들이 위기의식을 가지고 보고하자, 세례 요한이 이렇게 대답했습니다. "그는 흥하여야 하겠고 나는 쇠하여야 하리라"(요 3 : 30). 요한은 자신의 시대가 가고 예수님의 시대가 오는 것을 기뻐하고 있습니다. 이것은 예수님의 사역으로 말미암아 하나님의 나라가 이 땅에서 확장되기 원한다는 뜻입니다. 세례 요한처럼 우리는 철저하게 십자가 뒤에 감춰져야 합니다.

1. 오늘 나눈 말씀 가운데 특별히 마음에 와 닿은 구절이나 배움을 통하여 깨달은 점이나 느낀 점이 있다면 무엇이었습니까?
2. 주목을 받지 못하는 자리에서도 넘치는 열정으로 하나님의 승리를 이루어 가는 비결이 무엇인지 생각해 봅시다.

생활 속으로

'ㄱ자 한옥 예배당'으로 알려진 금산교회는 한국교회사에 길이 남을 아름다운 이야기로 유명합니다. 금산교회는 거상이자 지주였던 조덕삼이 선교사 테이트를 통해 예수님을 영접하고, 그의 사랑채에서 시작된 교회입니다. 그의 집 머슴이었던 이자익도 함께 복음을 듣고 교회를 섬기게 되었는데, 장로를 선출하는 선거에서 교회의 설립자 조덕삼이 아니라, 그보다 15살이나 어린 미천한 마부 출신의 머슴 이자익이 장로로 선출되었습니다. 모두들 당황해 하는 가운데 조덕삼은 "우리 금산교회 교인들은 참으로 훌륭한 일을 해냈습니다. 저희 집에서 일하고 있는 이자익 영수는 저보다 신앙의 열의가 대단합니다. 참으로 감사합니다. 나는 하나님의 뜻에 순종하여 이자익 장로를 잘 받들고 교회를 더욱 잘 섬기겠습니다."라고 했을 뿐 아니라, 이자익이 평양신학교에서 공부할 수 있도록 학비 전액을 지원하고, 이후 목사로 청빙해 함께 교회를 섬겼습니다. 훌륭한 목회자 이자익 목사의 곁에는 이렇게 멋있는 조력자가 있었습니다.

하나님께서 오늘 내가 누구의 조력자가 되어, 무엇을 하기 원하시는지 구체적으로 생각해 봅시다.

시편으로 드리는 기도

시편 145 : 4~5

위대하시고 전능하신 하나님, 대대로 주께서 행하시는 일을 크게 찬양하며, 주의 존귀하고 영광스러운 위엄과 주의 기이한 일들을 나의 삶과 입술을 통해 선포하게 하옵소서. 아멘.

노년을 위한 교육목회 시리즈

말씀 청춘

초판인쇄 2021년 1월 30일
초판발행 2021년 2월 5일

편집인 대한예수교장로회총회 교육훈련처
총무 김명옥
주소 03128 / 서울특별시 종로구 대학로3길 29(연지동, 총회창립100주년기념관 7층)
전화 (02) 741-4356 / (F) 741-3477

발행인 채형욱
발행소 한국장로교출판사
주소 03129/ 서울 종로구 대학로 19, 409호(연지동, 한국기독교회관)
전화 (02) 741-4381 / (F) 741-7886
영업국 (031) 944-4340 / (F) 944-2623
등록 No. 1-84(1951. 8. 3.)

요목 교육목회실천협의회 편집 이은미
집 필 자 정영택 손윤탁 박봉수 홍정근 최진수 이희수 임정수 신동명 오세원 박혜성 김성덕 유상진 김한원 문재진
출판편집 이슬기, 김은희 표지 디자인 최준호